● 乡村振兴微区域产业发展系列丛书之一

乡村振兴背景下村域产业识别、匹配及发展路径选择研究

尚 丹 牛细婷 余国新 等 著

中国农业科学技术出版社

图书在版编目(CIP)数据

乡村振兴背景下村域产业识别、匹配及发展路径选择研究／尚丹等著. --北京：中国农业科学技术出版社，2022.12
ISBN 978-7-5116-5976-7

Ⅰ.①乡… Ⅱ.①尚… Ⅲ.①乡村-农业产业-产业发展-研究-中国 Ⅳ.①F323

中国版本图书馆CIP数据核字(2022)第198390号

责任编辑	徐定娜
责任校对	王 彦
责任印制	姜义伟　王思文

出 版 者	中国农业科学技术出版社
	北京市中关村南大街12号　邮编：100081
电　　话	(010) 82105169 (编辑室)　(010) 82109702 (发行部)
	(010) 82109709 (读者服务部)
网　　址	https://castp.caas.cn
经 销 者	各地新华书店
印 刷 者	北京科信印刷有限公司
开　　本	185 mm×260 mm　1/16
印　　张	9
字　　数	150千字
版　　次	2022年12月第1版　2022年12月第1次印刷
定　　价	50.00元

◆版权所有·翻印必究◆

乡村振兴背景下村域产业识别、匹配及发展路径选择研究

著　者

主　　著：尚　丹　牛细婷　余国新

副 主 著：王　莹　贾丽霞　蔡　宁　张利娜
　　　　　及增发　谭　鑫

著作人员：黄　赛　周　繁　王烁凯　马晓萍
　　　　　王伟军　李成璞　许皓月　王　雪
　　　　　李　敏　郝曙光　侯大山　王晓聪
　　　　　霍丽镜　宋丽华　贾　莉　郝换换

前　言

随着社会的发展，贫困现象相伴而生，只是转换为国家或地区间贫困程度的比较。改革开放以来，中国成为世界上减贫人口最多的国家之一，也是世界上率先完成联合国千年发展目标的国家之一，在全球同期减贫人口总数中占比达70%以上，为世界反贫困理论和实践做出了卓越贡献。我国在反贫困的道路上经验不断丰富，并相继提出"精准扶贫"与"乡村振兴"等重大战略部署。2020年脱贫攻坚取得全面胜利，但脱贫并不意味着真正消除了贫困，贫困的长期性、历史性、复杂性将会持续存在，精准扶贫与乡村振兴战略如何有效衔接仍是当前亟待破解的重大理论与实践问题，如何将脱贫人口"扶上马，再送一程"，更是摆在我们面前的现实问题，需要根据不同区域进行深入研究。

本研究通过实地调研、案例分析等方法，聚焦"精准"二字，以贫困村为研究对象，可以更好地厘清小尺寸下贫困程度与其他要素之间的关系，为全面脱贫与乡村振兴有效衔接提供一种可行方案；判断行政村（《中华人民共和国村民委员会组织法》颁发后，称为建制村，下同）所面临的区域维度的贫困限制程度，并对行政村致贫原因进行差别化研判，从而确定各个村域致贫的主导要素；在此基础上，研究村域特性与产业配置的匹配度，分析村域特性与产业配置相互作用机制，识别村域产业发展短板，同时对影响产业效率的各个因子的作用路径进行分析，明确关键影响因子对产业效率的直接和间接作用，并识别出关键影响因素对产业效率的作用路径和作用程度。将产业与扶贫的研究视野拓展到区域和空间维度，从"产业发展"拓宽到"产业到户"的角度，为了辩证地分析问题，本书使用了多种模型，如村级多维贫困指数，用以测量研究区域不同个体在不同维度上的贫困程度；贫困村域致贫贡献度，用以反映每个贫困村的致贫因素差异；用最小方差法测量研究区域的贫困多因素问题，分析村域贫困类型；借用容量耦合系统模型测算研究区域的双边匹配度；用结构方程法测算研究区域脱贫的实现路径。通过定量与定性相结合的方法，得出以下结论。

（1）精准识别出具体村域的贫困程度和深度，定位致贫因素

从指标层面和维度层面准确定位村域致贫要素，通过村域贫困贡献度因子，量化每个因素所造成的贫困程度及深度，同时将致贫贡献度与具体村域相结合，通过方差模型进一步探讨，在划分研究区域中村域贫困程度的基础上，从维度层面将贫困因素进行具体划分，结果表明：①研究区域贫困状况呈现两头小中间大的"橄榄型"结构，相对富裕和极端贫困的现象较少出现，多集中在2.5~3的中度贫困等级范围；②研究区域的首要致贫因素为收入状况，其次为劳动力质量、耕地质量、交通及区位；③研究区域的贫困类型中以四因素致贫为主，尤其以GEMS型占据主导地位，其占比高达64.94%，说明研究区域受地理条件、经济资本、人力资源和社会发展共同制约的影响要素大于其他类型。

（2）明确村域特性与产业配置的互动关系，识别村域产业致富发展效率和短板

通过构建匹配度模型，测量村域特性与产业配置的匹配度，并分别通过双边的匹配度、综合协调指数、耦合度、匹配等级、匹配关系五方面展开系统分析，结果表明：①研究区域村域特征与产业配置匹配程度是不容乐观的；大部分村域的匹配度介于不可接受与过渡区间范围内，只有少量村域处于中度失调区间；②以勉强协调中丙类的产业格局超前型占据主导地位，涉及乡镇占过渡类区间乡镇的58.6%；③在具体定位导致匹配失调的控制因素中发现，匹配度0.4~0.49涉及的乡镇遍布整个阜平县，所涉及村域占比最大为64.6%，这说明有2/3的村域在产业配置和村域特征的

协调匹配中处于濒临失调的状态。

(3) 识别出关键影响因素对产业效率的作用路径和作用程度

通过结构方程模型的假设和检验提出村域发展路径，通过系列检验，筛选出影响产业效益的 17 个指标，并进行了相关假设，结果表明：①土地特征、投资强度、基础设施、人力资源特征因素 4 个影响因素对产业效益的影响都是正向的；②土地特征、人力资源特征通过投资强度特征对产业效益行为产生显著的间接影响；③基础设施、投资强度特征对产业效应行为有显著的直接影响。

学术界对识别、匹配和路径研究的理论研究成果很多，为本书的研究奠定了坚实的基础，然而对于贫困识别的应用研究较少，对于系统匹配的方法比较陈旧，这些对本书研究是一个巨大挑战，由于时间仓促，精力有限，也囿于资料获取困难，还存在需要完善之处：①贫困的识别及匹配是一个庞杂的系统工程，其主要影响因素很多，虽然在设计指标之初将影响因素尽可能多地考虑在内，从众多因素中识别出主要的影响因素，但由于认识误差、知识面误导、所参考的文献不全面等原因，可能存在某一影响因素非常重要，但却未能纳入本研究中，这需要在后期深入研究中不断完善；②本研究的研究区域是具体的村域，所使用的数据多为调研而来，数据获得性较差，相关资料不全等制约了本书的研究，统计资料涉及不到具体的村域，因此需要进一步提高数据在调研、筛选上的科学性和客观性，这在以后研究中将逐步完善；③本研究只适用于同类型村域的研究与结论的适度推广应用，未对其他类型村域如不同的资源特色、不同的地貌类型以及不同的贫困类型加以研究，这将是下一步的研究方向。

目　　录

1 绪　　论 ··· 1
　1.1 研究背景 ·· 2
　1.2 研究意义 ·· 4
　1.3 研究目标 ·· 4
　1.4 研究内容及逻辑框架 ·· 5
　1.5 研究方法 ·· 7
　1.6 创新与不足 ·· 8

2 国内外研究及理论综述 ··· 9
　2.1 国内外研究综述 ··· 10
　2.2 理论基础 ··· 19

3 贫困识别及匹配视野分析 ···································· 25
　3.1 我国扶贫领域的四次变革及贫困识别方向 ··········· 26
　3.2 贫困识别多维困境 ··· 28
　3.3 扶贫对象–扶贫措施匹配的二元要素分析 ············ 35
　3.4 本章小结 ··· 39

4 研究区域概况 ··· 41
　4.1 河北省精准扶贫发展情况 ·································· 42
　4.2 研究区域（阜平县）概况 ·································· 44
　4.3 阜平县所辖五大区域发展概况 ··························· 48
　4.4 阜平县主打扶贫产业发展现状及产业布局 ·········· 50

5 行政村尺度下的贫困识别 ···································· 55
　5.1 行政村尺度下的贫困识别模型设定 ···················· 56

5.2　数据标准化及权重确定 ································· 58
　　5.3　结果分析 ··· 63
　　5.4　本章小结 ··· 75

6　村域特征与产业配置的匹配效率研究　77
　　6.1　村域特性与产业配置匹配度模型与评价标准 ··············· 78
　　6.2　变量选择和数据来源 ··································· 81
　　6.3　结果分析 ··· 84
　　6.4　本章小结 ··· 97

7　村域产业发展提升影响因素研究——基于结构方程模型的假设和检验　99
　　7.1　结构方程模型简介 ····································· 100
　　7.2　指标选择和研究假设 ··································· 101
　　7.3　模型检验和实证分析 ··································· 105
　　7.4　本章小结 ··· 109

8　对策建议　111
　　8.1　精确识别村域发展弱项，实施"一村多策" ················· 112
　　8.2　加大村域扶志扶智力度，增强村域产业发展内生动力 ······· 113
　　8.3　精准匹配村域产业，实现村域产业的可持续性 ············· 113
　　8.4　培育产业发展带头人，加强农户的培训和指导 ············· 114
　　8.5　加强村级经济服务组织建设，服务产业发展的需求 ········· 114

参考文献 ·· 117

1 绪 论

1.1 研究背景

《中共中央 国务院关于做好2022年全面推进乡村振兴重点工作的意见》的发布，标志着进入乡村振兴新的发展阶段。在后扶贫时代背景下，乡村振兴作为"三农"工作的总抓手，关系到农业、农村的现代化建设，重点在于推动巩固拓展脱贫攻坚成果与乡村振兴的有效衔接。关注多维贫困问题、建立健全制度监测机制，彻底防止返贫现象的发生，推动乡村振兴起好步、开好头。面对乡村振兴进程的整体发展脉络，如何在后扶贫时代持续巩固脱贫攻坚成果，后扶贫时代乡村振兴是现实的路径选择。

随着社会的发展，贫困现象始终相伴而生，只是转换为国家或地区间贫困程度的比较。改革开放以来，我国成功实现了7.5亿农村贫困人口的脱贫，从2012年到2019年连续7年每年减贫1 000万人以上，贫困发生率和贫困人口逐年下降。2020年实现了脱贫攻坚的全面胜利。我国的减贫成就世界瞩目，减贫措施高度有效，为世界反贫困理论和实践做出了卓越贡献和现实样板。如我国1982年启动的"三西"建设，1989年发起的"希望工程"，2001年参与式开发式扶贫、2013年实施的精准扶贫，以及2014年义务教育的"改薄工程"等系列脱贫措施，使得中国贫困人口数量大幅度下降，同时在教育、医疗、设施方面改善了民生，使得学龄儿童辍学率从2000年的6.78%下降到2017年的1%，农村合作医疗基本实现100%全覆盖……2020年的产业发展、劳务输出、易地搬迁等多项举措和思路，这些数据都表征着我国反贫困事业所取得的历史性突破。

党的十九大报告中也重点指出"坚决打赢脱贫攻坚战。"重点攻克深度贫困地区脱贫任务，确保到二〇二〇年我国实现现行标准下农村贫困人口脱贫，贫困县全部摘帽，解决区域性整体贫困，做到脱真贫、真脱贫。截至2020年3月，全国仍有52个贫困县未摘帽、2 707个贫困村未出列、建档立卡贫困人口未全部脱贫。已脱贫的地区和人口中，有的也存在产业薄弱，收入不高等返贫、致贫风险。说明脱贫并不意味着真正彻底永久消除了贫困。不可否认的是，当今的贫困与40年前的贫困比较，无论是贫困形态，还是贫困类型和性质均发生了根本性变化，是绝对向相对、是物质向精神、是单一向多维的转变，而伴随着这些变化的是扶贫对象和瞄准方式的根本位移，从1978年以解决大面积贫困问题的区域瞄准到1986年以老革命根据地、少数民族地区为主要扶贫对象的县级瞄准，再到2001年以村为单位调动农民参与性的村级瞄准，再到2011年至今以贫困户和贫困人口为主的精准扶贫，

1 绪 论

我们可以看到瞄准方式的下移，带来的是扶贫对象的精准以及脱贫成效的提升。

河北省是扶贫任务较重的省份之一，截至 2018 年年底仍有 62 个贫困县，共有 7 366 个贫困村，310 万贫困人口。深度贫困县 3 市 10 县，同时被纳入燕山-太行山区连片特困地区，涉及张家口市的康保县、沽源县、阳原县、尚义县、张北县，承德市的丰宁县、隆化县、围场县，保定市的涞源县、阜平县。

作为本书研究区域的阜平县地处京、石、保 200 千米经济圈，是国家重点贫困县之一，"燕山-太行山"国家集中连片特困地区扶贫开发重点县（截至 2019 年），也是实施"一对一精准扶贫""产业精准到户"的先行区，作为全山区县，太行深山区，是革命老区，贫困范围广，贫困程度深，发展基础弱。

阜平县作为革命老区，在社会上影响较大。中共中央、国务院、河北省人民政府、保定市人民政府对阜平经济发展高度重视。同时也是习近平总书记心中记挂并亲自考察过的地方，具有较强的地缘亲和力。2012 年 12 月 30 日，习近平同志到河北省阜平县考察扶贫开发工作，走访地处深山的龙泉关镇骆驼湾村、龙泉关镇顾家台村看望困难群众，并指出：全面建成小康社会，最艰巨最繁重的任务在农村，特别是在贫困地区。没有农村的小康，特别是没有贫困地区的小康，就没有全面建成小康社会。之后，社会帮扶力度增大，阜平县投入帮扶资金累计 30 321.67 万元，与此同时，帮扶内容上发生了很大转变，由"授人以鱼"向"授人以渔"转变，即由生活上帮扶向产业发展上帮扶转变，为阜平的产业发展奠定了政策与资金基础。

"十三五"期间，阜平县农业发展迎来空前的利好环境。国家的宏观经济政策将进一步突出农业的重要地位，京津冀协同发展规划、环首都绿色经济产业带规划等系列规划增大了包括阜平县在内的京津冀周边地区的发展机会。阜平农业产业基础也有得天独厚的发展优势，充分利用绿水青山带来金山银山的机遇顺势而为。消费者对绿色农产品、生态农产品的市场需求日益攀升，生态良好所带来的后发优势，也使得该县发展生态农业、绿色农业拥有得天独厚的条件，是京津冀协同发展区域中一块宝贵的生态净土，将高品质农产品打入北京、天津消费市场具有了便利的地理优势。同时作为革命老区的阜平县拥有独特的红色文化资源、红色革命资源，这对阜平县发展具有强有力的催化作用。

随着精准扶贫思想的提出，"精准"二字的内涵不断丰富，帮扶要精准，精准的前提要有效识别，而我国对于贫困人口识别普遍采取了贫困线的方式，以国家制定的人均最低经济收入标准为依据，即以 2016 年纯收入 3 000 元不变价为基准划定贫困线，虽然不定期调整，但这从某种程度上导致了省际、区域之间的差异很难反映。虽然大部分学者倾向于多维领域的贫困识别，但存在着识别区域、识别视角、测度方法等较大差异，难以做到统一。此外，精准识别不仅包括贫困对象的识别，还应该涵盖脱贫手段（这里特指产业）的精准定位，如何在区域不同、产业不同的前提下提高识别的精准性，如何在扶贫对象与脱贫手段之间搭建桥梁，实现二者在识别与匹配层面的互动，实现人尽其才，物尽其用，是在当前精准脱贫要求下需要解决的问题。

综合以上考虑，本研究选择富有代表性的河北省阜平县，通过理论综述、实地调研和案例分析的研究方法，在对阜平县产业发展现状的把握和理论认知的基础上，聚焦"精准"二字，探索山区村域发展弱项、双边匹配以及产业扶贫路径的选择，这既是对阜平县以及相似区域在打赢脱贫攻坚战、实现乡村振兴与扶贫有限衔接的现实需求的学术关切，也是拓展产业帮扶研究视野的理论期许。

1.2 研究意义

1.2.1 现实意义

在我国脱贫攻坚战的征程中，我国贫困形态、类型和性质均发生了根本性变化，伴随着这些变化的是扶贫对象和瞄准方式的根本位移，强调扶贫对象的精准，因此在推动巩固拓展脱贫攻坚成果与乡村振兴的有效衔接的新时期对精准瞄准方式或精准识别角度的深入研究具有现实意义。

1.2.2 理论意义

我国行政村受多种因素影响，致贫（致弱）原因具有独特性，因此以贫困村为研究对象，可以增加贫困识别以及致贫因素的准确性，厘清小尺寸下贫困深度与其他要素之间的关系，同时对具体村域的研究，可能为接续全面脱贫与乡村振兴有效衔接提供一种可行方案。

1.3 研究目标

系统分析扶贫对象、扶贫产业两方面对识别造成的多维困境，以及提升识别效率的角度分析。同时在致贫（致弱）因素识别中，以行政村尺度下的贫困识别为视角,构建村域尺度的贫困识别模型,准确定位村域致贫要素,差别化研判行政村致贫原因,确定村域致贫的主导要素。

在匹配要素分析中,构建基于特定需求与生产行为主导且双边匹配互动关联的逻辑框架。在匹配效率中以村域特性与产业配置的互动关系为研究对象,分析协调匹配对于村域特性与产业配置的经济效应,及扶贫效率在产业与区域层面的作用。

在识别致贫因素和村域-产业匹配的基础上,对影响产业效率的各个因子的作用路径进行分析,同时在了解匹配效率值的基础上,分析关键影响因子对产业效率的直接和间接作用。

1.4 研究内容及逻辑框架

研究整体框架见图1-1。

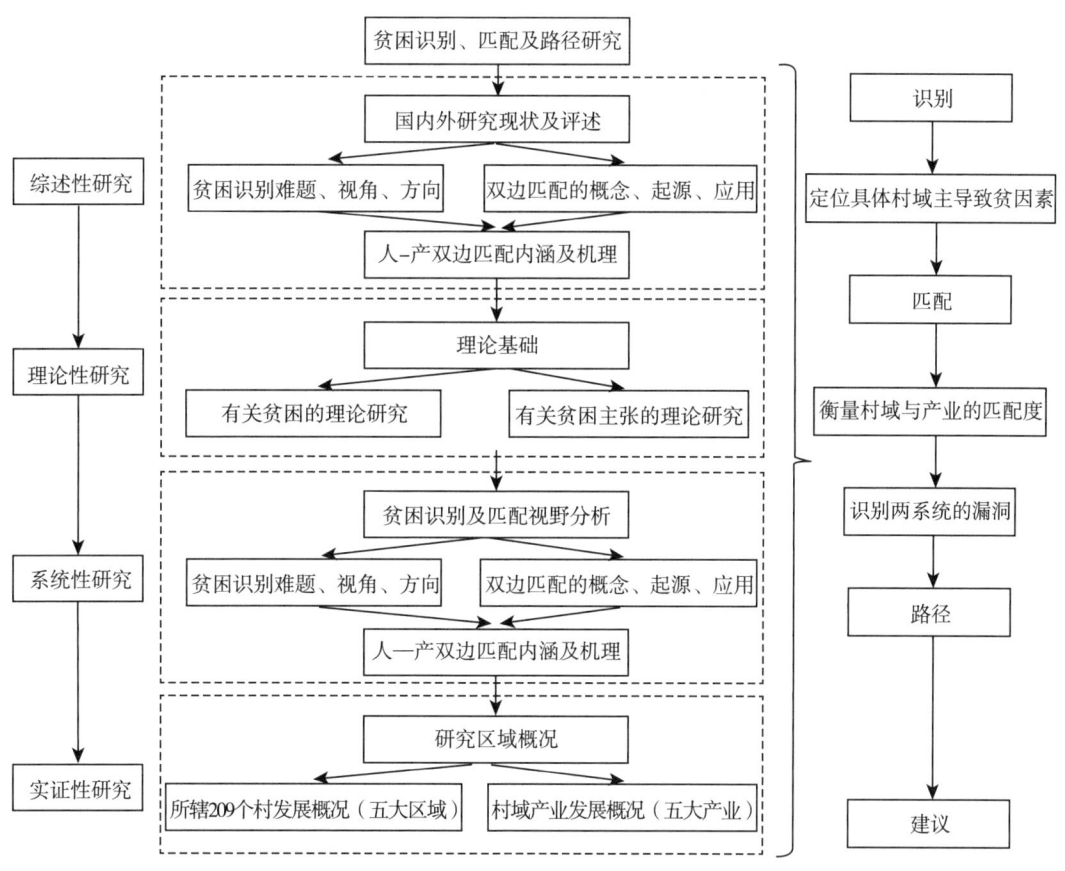

图1-1 研究整体框架

本研究在精准扶贫思想的指引下，以佩鲁"增长极"理论、纳克斯"贫困恶性循环"理论为基础，从村域贫困角度出发，分别从致贫因素识别、衡量村域产业匹配效率、构建发展路径的角度展开，将产业与扶贫的研究视野拓展到区域和空间维度，从"产业发展"拓宽到"产业到户"的角度。本研究的主要内容包括以下方面。

第一，国内外研究与理论综述。以识别与匹配两方面为研究对象，对识别难题、方向和视角，以及匹配内涵与机理进行了综述性分析。同时分析了相关的贫困理论，如贫困恶性循环理论、增长极理论、低水平均衡陷阱理论、阿玛蒂亚·森有关"福利与能力"的主张，劳尔·普雷维什有关"中心外围"的主张。

第二，识别与匹配角度研究。以双边匹配为切入点，拓宽产业与扶贫的研究视野，从单独追求"产业发展"，拓宽到"产业到户"二元要素的角度，构建基于贫困对象特定需求与生产行为主导下的匹配互动关联的逻辑框架。探索空间滞后、产业萧条、人口贫困之间的内在联系，从理论上反推贫困地区扶贫产业良性发展的路径。

第三，研究区域概况。此部分概述了河北省贫困状况，详细分析了所辖村域的发展情况、产业发展状况以及产业布局，以及主导的五大扶贫产业分村布局状况。

第四，行政村尺度下的贫困识别。以阜平县所辖209个行政村为研究单元，以行政村尺度下的贫困识别为视角，建立村域尺度的贫困识别模型，同时分别从指标层面和维度层面两方面准确定位村域致贫要素，并根据村域贫困指数结果对行政村致贫原因进行差别化研判，确定村域致贫的主导要素，为因地制宜、有效实施区域精准脱贫提供模式参考。

第五，村域资源配置与产业格局的匹配研究。以村域特性与产业配置的互动关系为研究对象，分析村域特性与产业配置相互作用的机制，对现有村域状况的前提下，产业配置的匹配程度和匹配状态进行测度和分析，建立从乡镇到村域的不同层次的匹配评价，同时分析村域特性与产业配置匹配度对地区区域扶贫效率的影响程度。

第六，村域产业提升路径研究。以行政村产业扶贫实施路径为研究对象，对影响产业效率的各个因子的作用路径进行分析，分析关键影响因子对产业效率的直接和间接作用，并识别出关键影响因素对产业效率的作用路径和作用程度。

综上所述，本书的整体逻辑框架为：以国内外研究和相关理论为基础，分别从识别和匹配的角度出发，识别出研究区域的贫困特性，精确定位村域致贫的主导要素，得出研究区域的首要致贫因素为收入因素，其次为劳动力质量、耕地质量等。

结合实地走访,研究区域单从收入角度来看,打工收入与产业收入占据主导地位,除去打工收入外,产业收入更加依赖当地特定的资源环境和资源特性,因此在识别的基础上,以双边互动关系为研究对象,进行村域资源与产业匹配的研究,测度了匹配程度,得出研究区域所辖村域的双边匹配状态不容乐观,同时得出具体村域在产业设置上的超前或滞后,推出各类型区域的扶贫路径,在此基础上提出系列假设,分析关键影响因子对产业效率的直接和间接作用,识别出关键影响因素对产业效率的作用路径和作用程度。

1.5 研究方法

1.5.1 理论分析与实证分析相结合

进行详细、全面的理论知识的学习与储备,把握我国及国际视野中关于贫困、产业以及识别、匹配等概念,同时对不同区域,以及周边县市进行了多次走访调研,力争对研究区域的概况全面系统地掌握,为摸索精准扶贫背景下产业扶贫开发路径提供基础。

1.5.2 系统分析与案例分析相结合

采用系统分析法对产业扶贫路径进行分析,从"分区、识别、匹配、路径"四个角度进行系统分析,在分析具体路径的过程中,同样基于系统分析法在分区识别、匹配效率、发展路径等几个环节着手,确保不同区域产业扶贫的精度。采用矩阵法挑选案例,进行案例跟踪调研,获得了大量一手资料。

1.5.3 实地调研与数据分析相结合

本书在研究过程中,由本人所在的调研团队,分批次多次前往研究区域展开调研。主要采用了访谈法、调查问卷的方式。同时,在数据分析上借助统计分析与计量经济学分析工具,运用多维贫困指数、村域致贫因素类型模型,测度研究区域进行贫困识别及致贫因素的定位,运用匹配度模型测度,测度村域特征与产业配置的匹配效率以及衡量双方系统的互动关系,运用结构方程模型,研究产业脱贫效率的发展路径。

1.6 创新与不足

1.6.1 创　　新

一是以行政村为研究对象，从定量的角度识别村域发展的短板有一定的现实意义。

二是以匹配的视角，衡量村域特性与村域产业之间的匹配程度，从而识别村域特性的短板，识别产业的适配度，为产业扶贫提供可行路径。

三是分别从指标层和维度层两个方面构建评价指标对具体村域的要素进行判别，对于现阶段以定性为主的要素识别具有一定的理论意义。

四是在农业产业发展路径的研究中，引入了结构方程的定量分析方法提出研究假设，在构建模型中引入了特征、强度等五个指标分析产业发展的效益。

1.6.2 不　　足

一是由于认识误差等原因，可能存在某一影响因素非常重要，但却未能纳入本研究中，以及识别、匹配、路径研究中，所使用方法的局限性等问题，这需要在后期深入研究中不断完善。

二是本研究只适用于同类型村域的研究与结论的适度推广应用，未对其他类型村域如不同的资源特色、不同的地貌类型以及不同的贫困类型加以研究，这将是下一步的研究方向。

2 国内外研究及理论综述

2.1 国内外研究综述

2.1.1 贫困识别的理论与技术综述

2.1.1.1 贫困识别难题

我国经历了片区瞄准、省级瞄准、县级瞄准等多种瞄准机制的变化，区域不同，产业不同，但是唯一相同的是要不断提升识别的准确性。正如阿特金森在《新帕尔格雷夫经济学大词典》中对贫困问题的阐释"有关贫困问题的探讨主要集中在几个方面，首先是什么是贫困，以及怎样识别贫困人口"[1]，Chris et al. 利用研究三个国家的"贫困地图"对公共资源地理定位的分布发生率进行事前评估，得出扶贫目标的识别，放在较小的行政单位（如区或村）会有很大收益[2]。随着对贫困识别认识的不断深入，贫困探索方向上已经趋于共识，贫困是动态的确定概念而非静止的模糊概念，从一维视野扩展到多维视野。正如 John 认为的那样，针对贫困人口的识别措施分为活动、指标、地点或自我定位四方面[3]。因此，贫困识别本身就是一个动态的过程，在这个过程中或许存在着人为的干预因素，以及对贫困标准划分的科学性等问题。

（1）贫困的动态性

贫困问题的动态性是使得各界在减少贫困上所做努力倍增的重要原因。它指的是个人或者家庭在贫困位置上的流动状态——进入、停留、脱离（或者存在返贫现象的再进入、再停留、再脱离状态），处在不同状态下的个人或者家庭，所要识别的切入点可能是不同的。例如，对于家户本身的可行能力的质变要考虑福利状态问题，对于未预料的外界冲击而导致的随机性事件要考虑时间性和持续性问题。汪为等通过宏观的角度综述了在贫困识别中，要考虑贫困的动态性问题，要经过多点的连续观测确定目标人群[4]。贫困人口的识别要考虑时间性，即长时间贫困还是暂时性的不幸，如果静态地看待贫困，就会不可避免地将暂时陷入贫困的人群纳入长期扶贫的对象，而长期贫困群体也可能会由于某一时期的福利水平偶然高于贫困线而被排除在扶贫对象之外，造成识别偏误和扶贫政策的失效。对此于敏通过面板数据和计量模型，对动态贫困的实证性研究中测算暂时性贫困或慢性贫困在总贫困中的比重时，引入了时间维度[5]。这也从侧面反映出，贫困识别要考虑多年的脱贫和返贫人口，充分考虑贫困与非贫困之间的脆弱区间，高于贫困线，但低于某一较高水平，比如1.5倍的贫困线，即为脆弱区间，处于脆弱区间的人群为脆弱人口，要重点关注和扶持，这对精准识别带来了困难的同时也指明了识别的方向。

(2) 贫困范围划分的科学性

- 以活动范围为识别目标

活动范围是指个体主要活动半径到最近集市或最近乡镇的生活轨迹。Emran et al. 认为一个家庭位于离另一个市场更近的地方，它的收益会更高[6]（这里的高收益不单是房产本身的价值，还包括距离成本以及物质交换的货币增值、市场准入的便利性等）。我国14个连片特困区中，有90%均处于山区。这并不意味着山区就一定是贫困，但是可以说明的是山区距离交通要道的距离以及通达的难易程度要远高于平原地区，更容易受环境的牵绊。但是贫困人口的分布状况通常比较分散，不同地区内贫困人口的分布范围也是不一样的，如果单纯是以活动范围来识别谁是贫困的，必然导致将个体分散的贫困户拒之门外的现象。

- 以货币总量为识别目标

货币总量是工资性收入、家庭经营性收入、财产性收入和转移性收入的总和，也就是说在家庭遇到风险时，可用于变现的所有财产的总和。2011年中央扶贫开发工作会议决定，将农民人均纯收入2 300元作为新的国家扶贫标准，以货币总量为计数低于国家贫困线的为货币总量衡量下的贫困人口。

单纯以货币总量作为贫困识别标准是存在一定偏差率的。汪三贵等认为以货币总量衡量下的贫困识别存在偏差[7]。首先要明确的是农村购买力不同、社会劳动力工资不同，以及农村人口生活消费品的自产自销，因此农村市场整体的货币使用率非常低。其次农村居民的货币总量具有难以测量和不稳定的属性，在实际的测量中往往会存在偏差。即使关于当年的货币总量或者当期收入的测量是准确无误的，也会掩盖同为货品总量贫困之下的贫困群体所面对的多维度剥夺的差异性，收入贫困对象可能只是暂时性的收入减少和中断，从而造成现行贫困标准下的"虚假贫困"。

- 以区域范围为识别目标

划定贫困的区域范围，并不是简单说在贫困范围内几乎都是贫困户，需要给予更多项目或资金支持，在非范围外几乎没有贫困户，则不需要扶贫政策的支持。但事实往往与理论状态存在偏差，在贫困区域内也有富裕户，在非贫困区域也存在贫困户，这对应了加尔布雷思的个别式和岛屿式的贫困概念，在现阶段更应该关注贫困区域范围外的个体贫困。

区域性的贫困只是贫困的一种表现形式，区域范围的扶贫不仅要有子区域的精准识别，例如准确定位区域的生态地理条件、政策性条件等因素，更要把区域范围的贫困识别与非贫困区域农户个体识别相结合，甚至要更加精确识别出不在贫苦区域范围内的个体贫困。

（3）贫困识别的主观性

识别，具有辨认、辨别、区分、分辨的意思，涉及到识别双方的认知（主动识别者、被识别者），以及规矩制定者，也就是说主动识别者应在什么范围，什么标准下通过什么样的方式从一定标准的人员中区分出目标群体。贫困的识别也是如此，受一定程度上的主观因素影响，例如数据的获取偏差。邓维杰认为精准识别过程中有时存在恶意排斥现象，主导或者承担精准识别的人员，为了私利优亲厚友，将贫困人员排斥在外[8]。黄承伟等也认为在贫困户的识别中，会因为分解失当、人手不足等主观因素将真正的贫困人口排斥在识别范围之外[9]。韩莹等也持同样观点，在对贫困户进行具体筛选、识别过程中，涉及许多专业性较强的统计识别工作，由于操作人员的专业性偏低，而导致的识别误差[10]。又比如信息的不对称。葛志军等认为由于个体的生活能力、收入偏好等相关信息是私人的，政府要正确识别哪些个体是扶贫的对象存在一定困难[11]。汪三贵等认为对农户收入进行统计是复杂并且成本高的事情，基层政府往往不具备将农户的收入进行统计的能力[12]。

2.1.1.2 贫困识别的方向

（1）贫困户精准识别

学术领域对于贫困户识别多聚焦于多维角度。多维贫困由印度学者阿马蒂亚·森首次提出，多维贫困识别能更真实地反映贫困深度以及所受多重剥夺程度，从而得出致贫原因，进行有针对性的施策[13]。

2013年以来，我国扶贫开发战略和政策发生重大调整，改变过去的区域贫困瞄准机制，建立直接瞄准贫困人口的精准扶贫机制，保障贫困人口在吃、穿、教育、医疗、住房五方面的权益，这意味着中央政策明确减贫目标是多维度的。但是目前我国还没有制定国家多维贫困指数，越来越多的学者投入到多维贫困测量的研究中，如张昭等结合中国家庭追踪调查数据，考察农村地区贫困的识别、追踪和分解，认为特定维度的教育、生活状况和卫生状况的变化对于多维贫困指数变化的影响较大[14]。

尽管大部分学者倾向于多维领域，仍存在着识别视角与测度方法的区别。如叶初升等学者认为识别存在一维贫困度量问题以及不同维度变量之间内在相关性的问题[15]。又例如潘竟虎、赵宏宇等认为依靠经济、社会统计数据的贫困识别无法直观地分析贫困状况的空间差异、地域特征等生态地理背景分异机制，缺乏空间地域视角[16]。因此贫困人口识别既要体现多维概念，还要体现空间地理概念，从空间视角，发现贫困集聚程度及贫困类别。

（2）扶贫产业精准识别

大部分学者倾向于主导产业、特色产业、优势产业在空间层面、经济层面的识别。例如孙慧等利用灰色聚类分析法，将新疆现有36个产业进行识别分类，得出各产业发展现状的主要问题[17]；吕秋菊以杭州临安区为研究对象，以产业生命周期为视角识别山核桃产业发展阶段，得出制约因素等[18]。

但现有研究较少对扶贫领域的产业识别进行整体性分析与关注，而更多的学者偏向于定性角度产业的选择范围，如宋继承强调定性分析在产业选择中的重要作用，未能关注产业的区域性和整体性。另外部分学者通过测算产业总量及带动效率的定量分析来确定地区产业，如陈效珍使用 Weave-Thomas 指数识别关键产业，用 HEM 法计算各产业关联度，为山东、江苏和广东三省制定经济非均衡发展战略提供了依据[19]。但是未能将产业动态性以及产业发展受体的承担能力进一步分析和关注。因此产业识别不仅需要强调时间概念，也要考虑空间区域概念和人口能力等要素，综合经济因素和非经济因素，有时非经济因素才是关键所在。

2.1.1.3 贫困识别视角

（1）贫困线角度

贫困线是一个国家和地区衡量贫困程度的标准，是进行贫困识别的重要工具，通常是以高于或低于作为识别贫困的重要标志。

- 国际贫困线的调整

贫困线的测量是本着基本需要的理念，测算个体或家庭是否拥有足够资源满足基本需要。20世纪90年代，世界银行将全球最贫穷的15个国家的国内贫困线，按购买力平价转换成美元，取其平均值，大约为每人每天1美元，确定为全球贫困线。

在2008年推荐适用于对全球极端贫穷国家为每人每天1.25美元的国际贫困线，推荐适合中等收入国家的每人每天2美元和每人每天2.5美元的国际贫困线。2015年世界银行根据各国通胀数据和新发2011年购买力平价数据，将国际贫困线从每人每天1.25美元，上调到每人每天1.90美元[20]。

- 我国贫困线的调整

我国贫困线的调整包括两种情况：一是经济社会和生活水平提高而采用更高标

准，如 2008 年标准，2010 年标准；二是为了保证可比性进行的年度调整。我国历史上第一次针对贫困设立标准线是基于绝对贫困理论，由国务院和统计局于 20 世纪 80 年代后期联合制定的，以每人每日 2 100 大卡热量的最低营养需求为基准，同时考虑了最低收入人群的消费结构的 206 元的贫困标准。

在 1997 年贫困线制定除了考虑最低营养需求外，加入了食物、非食物贫困线、低非食物、高非食物贫困线，制定出了低贫困线和农村贫困线。但当时我国整体贫困面大，而国家扶贫资源有限，因而将低贫困线，作为农村贫困标准来衡量农村贫困状况。

1998 年贫困线的制定首次引用了人均收入和消费双指标方法。如果某一住户的人均可支配收入或人均消费支出中的一项低于贫困标准，而另一项低于某一较高标准即为贫困户。从 2000 年起，农村低收入标准接近国际贫困线标准每人每天 1 美元的标准。

2008 年底，我国将扶贫标准定位为人均纯收入 1 067 元，即我国将贫困标准和低收入标准合二为一，统一使用 1 067 元作为扶贫标准。此后，随着消费价格指数等相关因素的变化，2009 年和 2010 年标准进一步分别上调至 1 196 元和 1 274 元。

直至 2011 年，中央召开扶贫开发工作会将人均纯收入 2 300 元作为新的扶贫标准，这个标准比 2010 年提高了 80%，比世界银行每人每天 1.9 美元贫困标准高 20.5%。

- 贫困线测量的实证研究

现有文献通过不同视角和方法对中国贫困线及其贫困人口的识别进行了研究探讨，笔者整理了近十年的相关文献，发现对于贫困线的研究大致分为三个方向。

方向一：贫困线测算方法论的角度

贫困识别中贫困线测算的方法是研究用何种方法制定的贫困线更贴近现实，更符合实际的贫困线标准，其中池振合等建议贫困线问题要重视相对贫困线指标，应该设置针对相对贫困问题的贫困线[21]，陈宗胜等也认同此观点[22]。其中段美枝还表示 2011 年新扶贫标准体现了我国扶贫理念从绝对贫困向相对贫困的转变，而把农村人均纯收入的 30% 作为我国当前的贫困线是可行的选择[23]。在具体测算贫困线时不同学者通过不同角度给予了相对条件下最适合的测量方法，以及方法的补充修正。祝梅娟使用的扩展线性支出系统[24]、刘建平使用的马丁法[25]、王翠翠等使用的 ELES 分析法[26]，刘伟平等修改后的恩格尔系数计算法[27]，吴本健认为的以热量而非收入作为贫困线标准[28]，效果更明显。

方向二：贫困线演变及其调整的角度

王荣党对贫困线的构成要素、测定方法、演变过程和调整方法作了初步的探讨[29]。董晓波等通过对英国贫困线发展历程进行了梳理，得出不能简单运用绝对或相对去判定贫困程度的结论[30]。西蒙·阿普顿等评论乌干达目前的官方贫困线并提出一条新的贫困线，同时探讨了贫困线在何种程度上反映一国内部的地区差异[31]。王荣党梳理西方贫困线理论和方法的逻辑演进历程和成果及内在关系，从而概括出贫困识别的六大理论的发展轨迹，和贫困线构造的五种方法的逻辑走向[32]。以上是从宏观角度研究了贫困状况背后的变迁和测量方法，对于准确地衡量贫困、深入研究我国贫困线确立的政策实践，实现精准扶贫、精准脱贫意义重大。

方向三：贫困线与贫困之间的关系角度

大部分学者从贫困线和贫困发生率之间的关系分析了现行贫困线对于我国贫困状况的敏感性问题，如李力等分别从国内农村对比角度、微观测量贫困发生率敏感角度、软件分析及测量角度进行了解释，认为我国公布的农村贫困线标准存在一定的滞后性，较低的贫困线水平掩盖了实际的贫困状况[33]。而王浩认为贫困线的制定要考虑到农民社会化的现状[34]。以上研究表明了要规范制定贫困线的组件，不断完善扶贫制度，科学地制定农村贫困标准，以期为扶贫工作提供新的识别机制。

（2）收入/消费角度

收入/消费标准能够简单地从货币视角识别贫困人口的经济状况，从而判断是否为贫困人群。国家统计局自1998年开始，便使用了双指标识别方法，即人均收入和人均消费。如果某一住户的人均可支配收入或人均消费支出中的一项低于贫困标准，而另一项低于某一较高标准，比如1.5倍贫困标准，即为贫困人口。

荷兰的奥迪·海根纳斯和克拉斯·德沃研究归纳出的3种测定贫困标准的视角中，对于贫困的量度均使用了收入水平这一维度，如收入等份定义法、收入平均数法，总支出与总收入之比法，主观最小收入定义法和主观最小消费定义法，这说明，收入水平对于贫困的识别具有重要作用。对此冯艳认为中国制定个体贫困标准仍然是人均年收入，区域贫困的标准也是要考虑区域贫困线下贫困人口的平均收入水平的[35]。李宝山认为支出水平取决于收入水平，对于教育医疗、社会交往、日常生活的支出决定了是否贫困，但是支出只能在受收入约束的可选集合内进行[36]。

但是也有学者发现，收入水平并未出现在与贫困关联度最大的前五项指标因素中，这说明收入因素并非唯一重要的识别指标。国内学者中，大部分对此观点持肯定态度。如张昭等认为家庭收入（特指农民）具有不确定性，存在临时落入收入贫困线之下的情况，仅依据收入标准难以识别真正处于贫困状态的家庭[37]。另外张昭等还表示贫困产生的原因和表现是多方面的，从关注贫困的持续性方面，收入也不是最佳指标[14]。

（3）多维识别角度

中文对贫困的定义是多维的，不仅包括收入不足的"贫"，还包括无法享受福利待遇的"困"。早在 20 世纪初期经济学家坎南、皮古就开始认识到贫困问题不可能仅仅靠金钱衡量和消除[38]。最早明确贫困问题需要从多维角度被看待的是印度学者阿马蒂亚·森，他作为多维贫困理论的主要创始者，提出了"可行能力"的概念，以及可行能力的功能性福利构成理念[39]。

从"可行能力"的视角定义贫困从而催生了多维贫困理论。2013 年以来，我国扶贫开发战略和政策发生重大调整，改变过去的区域贫困瞄准机制，建立直接瞄准贫困人口的精准扶贫机制，提出要让贫困人口不愁吃、不愁穿，义务教育、基本医疗和住房安全有保障，这意味着中央政策明确减贫目标是多维度的，有许多学者投入到多维贫困的测量的研究中，如王小林等[40]。

部分学者还将多维贫困理论运用到弱势群体的研究中，深入探讨了老人、儿童、妇女的贫困剥夺状态。葛岩等利用"中国健康与营养调查"（CHNS）2000—2011 年的连续追踪调查数据，实证结果表明，当贫困临界值为 0.3，全国 49.55%的儿童陷入长期多维贫困[41]。张赟基于多维视角，运用 AF 方法来对贫困地区弱势群体的多维贫困程度进行测度，以贫困儿童和流动妇女为样本，得出不论是贫困地区的儿童还是流动妇女，均面临着多重贫困压力[42]。因此，张赟建议对于贫困问题，要注重从多角度进行分析，全方位地解决贫困问题。

总体来看，关于多维贫困测量方法上的已有研究的差异主要体现在维度和指标的选取上和权重的比例上。

2.1.2 双边匹配的文献综述

2.1.2.1 双边匹配内涵及机理

双边匹配起源于合作博弈，Gale et al. 是匹配研究的奠基者[43]，此后 Roth et al. 对匹配理论进行完善的同时拓展了关于现实问题的研究[44]。

近年来，双边匹配问题和方法的研究越来越受到学者们的关注，研究领域涉及家政服务中人员和雇主匹配，人力资源市场中人与岗位的匹配，大学录取中的学生与学校匹配，云计算环境下的任务与资源匹配等。如阮拥英以序值信息和累积前景理论为基础，分析了创投机构与创业企业双边最优匹配决策方法，以及匹配双方的相互评价指标体系和影响因素，为决策出台提供可靠依据[45]。如贺小容研究的直觉模糊多属性决策方法及其在人岗匹配问题中的应用，所构建的面向人岗匹配的犹豫模糊群决策方法,在一定程度上丰富了多属性决策理论与人岗匹配理论[46]。如袁君霞围绕供需匹配过程,构建了需求链匹配能力成熟度模型,明晰了供需匹配过程的影响因素和关键中介,界定了需求链匹配能力的内涵、维度结构和微观基础,明确了需求链匹配能力与供应链灵活性、高层管理者认知和企业绩效之间的关系[47]。随着我国市场化改革的深入,双边匹配理论因自身的开放性和科学性的优势,其应用领域越来越宽泛,拓展到多领域中,但是在扶贫领域内,运用双边匹配精准衡量扶贫对象与扶贫措施的匹配度,还是比较少见的,这或许可以算作是本书运用匹配理念在扶贫领域的一个尝试。

2.1.2.2 基于匹配角度的贫困识别研究的思考

基于对贫困识别尤其是在匹配理论研究的视角下进行系统分析,既体现了精准识别的要义,同时也丰富了匹配理论在扶贫领域的解释。

一是贫困识别在匹配领域的研究视野进一步延伸。国外学者在匹配研究中做了大量研究,为我国引入奠定了基础。研究对象从单纯的人与人之间转变到人与物的匹配,尤其近几年在农业领域中研究人的胜任力问题,正在逐步开展针对人与岗位、人与制度和人与自然等问题的研究。

二是理论方法的不断完善。随着 2013 年 Roth 对双边匹配研究成果的介绍,匹配概念越来越多地受到我国理论界的关注,匹配概念的内涵在不断丰富,匹配研究呈现本土化趋势,同时开展了一系列匹配概念在现实问题中的应用研究,对于贫困识别下的扶贫对象与措施的匹配研究从聚焦单一主体拓展到双边行为的关注。

三是研究的局限性。已有研究所关注的识别问题,多从经济角度出发,无论是收入还是消费,均需要产业发展的串联式流程,然而是否存在对象与措施交互的最有利的交点,是否存在彼此相互最佳的适应时期,这需要进一步研究。已有研究多将人作为扶贫对象,或扶持对象,关注人对于环境的影响程度,或者在某一特殊环境中人作为有意识主体对所选择的产业方向的影响因素,但较少关注与人与环境和谐共处下扶贫对象与扶贫措施的紧密结合,达到双赢的利益点,且忽视了区域视角下识别、匹配与匹配持续性三大要素的互动关联逻辑。

因此,本书试图从双边匹配层面拓展贫困识别与扶贫产业精确定位在扶贫理论中的效应研究,构建分区视角下贫困识别与匹配互动关联的逻辑框架,从理论上反推贫困地区扶贫产业良性发展的路径。

2.1.2.3 村域特性与产业配置匹配度的研究评述

贫困作为一个世界性难题,世界各国都在努力与之抗争。我国自改革开放以来,无论从减贫理念、扶贫方式,还是从脱贫成就上都取得了举世瞩目的成就。不同于1978年的普遍式贫困、1986年的基础性贫困和2001年的点状式贫困,我国现阶段的贫困特征中,钱力等认为是内生动力不足[48],王美英认为是产业带动不强[49],方菲等认为是结构性脱嵌[50],那么产生这些问题的根源是什么呢,如刘七军等、杨志恒等建议从本源特性出发探究[51-52],另有的学者建议从增强内生动力的脱贫手段出发[53-54]。也就是说,大部分学者对于贫困本源与内生角度上更倾向于研究独立的单向关系,少有学者将两者结合为一个整体探讨两个系统的互动关系,从而识别其中的弱项和短板。

村域特性表现在其多功能上,包含了自然、地理、人力资源等要素的总和,谢臻等认为是通过其自身的多种特性与外在系统相互作用产生的能够支撑发展的综合特性[55]。马历等认为它既是供给要素,更是限制要素[56]。薛继亮等认为村域特性是产业配置和调整的基础,如果一个地区产业配置的方向与村域特性背离或超出了村域特性的承载力,产业发展必定受到制约[57],同时产业调整和选择对村域特征具有一定的必然要求,如社会要素、环境要素等,二者的合理化匹配既能够提高村域特性利用的广度、深度,同时能够提升产业发展的效率和效益,对脱贫攻坚倒排时期衡量产业发展、减少贫困具有一定的理论和实践意义。

村域特性表现为多功能特性上,且内涵十分丰富,涵盖了多种要素,Holmes认为其体现了乡村发展的多元目标和自然社会经济可持续发展对乡村的多元诉求[58],是乡村地域空间的本质特征[59],是对乡村发展规律的理论透视[60],关注村域特性的差异,识别村域多功能特征及短板,从而为确定村域主导功能特性和发展类型[61],发挥其多功能特性,制定差别化发展策略、明确乡村发展方向[62],实现乡村地域发展的造血功能奠定基础。

村域产业配置依赖于村域特性,产业村域特性是选择产业的基础,它作为一种生产要素,最终要反映在区域产业的各个环节上,同时经济的快速、稳定、健康发展离不开合理的产业格局配置,产业耦合能推动产业系统向高级有序结构演进[63],产业的不同会产生不同的经济效果,区域经济发展的核心是产业结构优化升级和资源的优化配置[64]。例如,郭珍等认为有效配置生产要素与乡村可以提高产业经营效益,这是乡村产业振兴的关键[65]。

基于对国内外文献的梳理发现,研究成果中多在强调村域特性与产业配置的单向关系,少有研究将两者匹配程度作为一个整体;国内学者多从定性角度,以双方主体的协调、可持续发展的重要性为出发点,但是并未定量分析主体之间协调现状如何,由此识别村域特性中的弱项,以及衡量产业配置的合理性;此外大多研究从产业本身进行分析,很少有文献引入与产业良性发展密切相关的领域的耦合研究,即出现重产业分析轻配套要素的现象。因此,本研究对研究区域村域特性与产业配置两系统的匹配协调度进行分析,旨在对其两系统的匹配协调状况做出科学判断,同时准确识别出村域多功能特征及短板,以及判断现有产业的合理性,提出有针对性的建议,为产业高质量发展提供参考。

2.2 理论基础

2.2.1 贫困恶性循环理论

贫困恶性循环理论(Vicious Circle of Poverty),由著名经济学家罗格纳·纳克斯(Ragnar Nurkse)于1953年在《不发达国家资本的形成》一书中提出,是用以解释发展中国家经济贫困原因的理论[66]。

贫困恶性循环理论的核心在于纳克斯的"一国穷是因为它穷"(A country is poor because it is poor)的思想[67],认为发展中国家和地区经济不能得到充分发展的关键在于资本缺乏。资本的形成在一定程度上对生产等方面具有限制作用,足够的资本促进生产的发生,加快发展进程,资本缺乏则会导致生产、产出以及收入等都受到负面的影响[68]。基于资本缺乏对经济增长产生负向影响这一认知[69],纳克斯从供给和需求两个方面分析阐述了这一理论。

从供给方面看,资本形成存在一个"低收入-低储蓄-低资本形成-低生产率-低产出-低收入"的供给恶性循环,生产水平低造成的低收入低储蓄是影响资本形成、经济发展的重要原因[70];从需求方面来看,低收入低消费造成的引诱不足阻碍了资本形成、经济发展,同样也形成了一个"低收入-低购买力-低投资引诱-低资本形成-低生产效率-低产出-低收入"的需求恶性循环[71]。

从供需两个角度来看,发展中国家和地区的人均收入水平低,无论是投资引诱的形成还是民众的储蓄能力都处于形成不足的状态,从而导致资本形成不足[72]。这一步导致的生产低下是发展中国家和地区经济发展停滞产生的重要原因。由此可见,发展中国家和地区发展停滞并非由于国内资源的缺乏所导致,而是由于存在若干个互相联系和作用的"贫困恶性循环"[73]。适用于一个国家整体的这样一种情形可以用纳克斯的命题加以概括,"一国穷是因为它穷",国家的经济发展过程出现了问题。

贫困恶性循环理论认为："贫困恶性循环"的关键在于资本形成。发展中国家和地区的资金供给和产品需求的不足引发了资本形成不足，而资本形成在经济发展过程中具有重要意义。资本形成是否足够限制着生产行为的发生以及最终结果[74]。同样资本形成对于生产的作用。要打破发展中国家的贫困恶性循环，也必须要从促进资本形成来入手。从供给层面上讲，必须大幅提高储蓄率，提高储蓄水平[75]；同时在需求层面要进行大规模全面的投资，通过实施全面投资增长计划，加速资本的形成；建立各部门、各行业间的投资引诱，使各部分之间都能做到有利可图，提高"产出-收入-消费（储蓄）-资本形成"间的供需利益联结，形成各部门各区域间的良性互动，从而摆脱贫困恶性循环，发展经济，摆脱贫困[76]。这一理论对发展中国家贫困问题的研究具有重要借鉴意义。

2.2.2 增长极理论

增长极理论（Growth Pole Theory）是关于区域经济发展与规划的理论，由法国经济学家弗朗索瓦·佩鲁（Francois Perroux）在1950年首次提出，主要研究区域经济非均衡发展模式[77]。

增长极理论认为，在区域性经济发展过程当中，增长并不是一起出现，而是会首先出现一些特定的增长点或增长中心上[78]。这些增长点或增长中心可能是一些具有推动性的主导产业或其他组织形式，通过"先发展带动后发展"的扩散效应带动其他部门或产业的发展。增长极的概念引申自物理学中的"磁极"[79]，借磁场内部磁极最强来比喻增长极在区域经济发展中的重要地位及影响[80]。

增长极在区域内作为一种新的经济力量发挥作用，除此之外，还对其他产业或部门等经济产生支配效应、乘数效应和极化与扩散效应[81]。支配效应是指增长及对区域内其他经济产生有不可逆转的影响，对其进行支配。乘数效应是指在区域内与其他经济的前向后向或侧向联系，促进经济上的发展，在生产要素、经济总量等方面增长，最终数量呈乘数式增长[82]。极化效应又叫回流效应，是指迅速增长的推动性产业吸引经济要素向增长极流动，促进增长极的发展；扩散效应是指增长极对其他经济活动的辐射带动作用，优势由增长极逐步扩散到其他经济活动中去，带动区域整体发展。

在现代的区域经济活动当中，增长极理论由抽象的经济空间活动具现化到地理区域当中[83]。从时间上看，增长极理论应用的前提是区域内存在不平衡经济发展的现实，且存在具有优势的主导产业、主导产业集群或者是主导产业以及创新能力核心集聚区，在区域发展中承担发展极的功能与作用。一个国家要想实现区域的平衡发展，就要选择特定的地理空间作为增长极[84]，带动其他产业或地区的发展[85]，以达到经济均衡发展的目的。

增长极理论对发展中国家和地区的贫困问题研究具有重要意义。贫困的成因可能是地区发展中缺少增长极的带动，亦或是极化效应导致的区域间差距的拉大[86]。应用增长极理论到发展中国家和地区的经济发展当中，首先要确定以什么样的产业或部门作为区域范围内的增长极，建立推进型产业[87]。在经济落后的国家或地区，在各种经济资源不充足的情况下，通过政府的外在干预对有限的资源进行重点的集中性建设，有效地发挥增长极对区域均衡发展的正向作用，突破局部地区的发展困境带动全局的迅速增长。这对广大的发展中国家和地区解决贫困问题都具有重要的借鉴意义[88]。

2.2.3 低水平均衡陷阱理论

低水平均衡陷阱理论（Low Level Equilibrium Trap）由美国经济学家纳尔逊（NelsonR. R）于1956年提出，首次发表于《不发达国家的一种低水平均衡陷阱》一文当中。

纳尔逊以马尔萨斯数学模型为基础，研究了发展中国家人口与人均收入，以及它们之间增长关系变化所引起的资本与资本形成问题[89]。结果表明，发展中国家存在有"低水平均衡陷阱"，也就是说人均收入在最低水平到人口与收入增长速率相齐的水平之间，经济的发展是稳定的，但是是处于较低水平的稳定[90]。在陷阱中，人口的增长会抵消国民收入的增长，因此出现极低的人均收入反复轮回却得不到任何增长的现象，从而成为资本形成的障碍，阻碍经济增长[91]。低水平均衡陷阱理论核心强调了人口的过快增长对经济增长的障碍，强调了资本形成的重要性。

具体来说，如果发展中国家和地区的人均收入处在一个很低的水平上，收入仅用来维持人的生存，而人的生命健康则相应地得不到保障，这将会导致人口的高死亡率和低人口增长率。与此同时，人口数量会相应地对国民生产的增长与发展起到一定的限制作用，产出水平和产出率降低，这将进一步阻碍人均收入的提高。生产不足引起资本形成不足，是导致发展中国家和地区贫困问题的关键因素[92]。如果增加国民收入，并试图通过这一举措来提高资本的形成，所造成的结果将是收入增加造成的人口数量的增加反过来抑制了国民收入的增长，使人均收入重新回到一个较低的水平。以最低收入水平以及人均收入与人口增长速率相齐的水平之间，人口增长与人均收入增长此消彼长，又由于后者对前者的反馈效应，导致始终处在一个相对平衡的状态中。如果其他条件不发生变化，那么这种均衡是相对稳定的，同时也是不发展的、处于较低水平的均衡。这也就是发展中国家由于人口过快增长对人均收入水平提高形成阻碍，致使经济不能快速发展的"低水平均衡陷阱"。

以我国为例，自实行计划生育以来，我国的人口增长速率在一定程度上开始降低，缓解了由于人口过快增长所带来的资源环境过度开发导致的资源型贫困。但我国作为一个人口大国，庞大的人口基数仍然对经济发展产生了重要影响，导致了人均收入的低水平。即使人口增长得到控制，经济水平有所发展，然后很快又会被大基数人口压力所影响，人口压力促使人均收入水平返回低收入水平，人口的增长导致了部分地区长期陷于贫困当中。

"低水平均衡陷阱"理论从多方面对经济缓慢发展的原因进行了讨论，人口过快增长所带来的负面影响当然不可忽视，但要想打破陷阱对于发展中国家经济发展的不利影响，必须要意识到资本形成对发展中国家摆脱"低水平均衡陷阱"的决定性作用[93]。通过大规模投资结合金融深化改革的举措，在经济规模发展的动力源泉以及环境方面予以保障，从资本形成不足这一环打破低水平均衡陷阱，扩大经济规模，改善生产状况，增加就业机会，提高人均收入，使投资和产出的增长超过人口数量的增长，冲出"低水平均衡陷阱"，最后达到促进整个国家和地区经济迅速发展的目的。

2.2.4 阿玛蒂亚·森——福利与能力

传统福利经济学认为，评价一个人的生活质量如何，要从两个方面去衡量：一是他能够获得的收入或者占有的资源[94]；二是从效用的角度进行衡量。印度经济学家阿玛蒂亚·森对此提出了质疑，考虑到人与人之间的差异性以及选择的自由度的问题，在资本的衡量中加入了对非收入因素的关注，提出"能力导向法"，创建了内涵更为广阔的"能力-福利"空间[95]。森认为，个人福利水平的高低不是取决于能够获得的收入或资源的多寡，而是他处在于什么样状态。也就是说，"福利与能力"的主张认为一个人的福利水平评价与他能够实现某种有价值活动的能力有关。

能力导向法关注的最初始概念是"功能"，人所具有功能的组合构成了能力[96]。传统的福利经济学的主张通过增加收入来改善人的福利状况。然而，因为个体差异的存在以及个体需求、偏好的不同，无法获取一个人对福利的完全信息，并不是所有人关于福利的需求都体现在收入和财富的增长上[97]。并且，仍然存在某些人处在信息相对封闭情况下作出决定，选择的自由度受到影响，同样也会产生福利差异。在能力与福利理论当中，森也提出了能力中心观代替幸福效用观的主张，认为增加收入不一定能改善福利水平，更重要的是获取能够改善福利的能力，实现个人能力的培养与提高。

传统经济学强调的"财富万能"的观点，阿玛蒂亚·森同样不予认同[98]。传统的贫困概念认定将重点放到了收入贫困，认为将某些收入低于维持最低贫困线的人群即可认定为贫困。但是仅仅将收入作为衡量标准却并不全面，市场财富的增加并不会解决贫困问题[99]。人均收入的增加与社会福利的提升之间并不存在有必然的因果联系，森更关注培养和提高个人生存和发展的能力，以此获得社会福利。

有关"福利与能力"的主张认为，贫困是一个无法获得某些最低限度的能力问题。通过对福利经济学主张的演变进行研究，发现从功利主义评价到能力导向法，与我国的经济发展历程相一致[100]。个人福利水平的高低受社会经济发展水平限制，在经济发展初期，民众的福利多体现在收入的增加上；经过一段时间的经济发展，社会整体发展水平上升，大多数阶层的福利水平却并没有得到改善，需要新的福利评价方法对其进行研究，以培育和增加公众福利水平。

在贫困问题上，森认为缺乏支配资源的能力是贫困问题发生的主要原因[101]。"福利与能力"论反映在贫困问题的研究上，不仅提出了新的通过提高能力来实现反贫困的方法，其展现出的价值理念对发展中国家和地区有关贫困的问题研究具有重要意义[102]；发展而来的 Sen 贫困指数更为贫困的度量提供了新的方法[103]。在我国的脱贫工作当中，存在着各种各样不同形式的贫困现象，仅仅依靠对收入与财富的增加并不能实现真正脱贫的目的，要从培育贫困地区人民支配资源、保障生活的能力入手[104]。从政府、社会等各方面建立有效的社会保障制度，同时为反贫困创造良好的制度环境、市场环境以及生产生活环境等，对贫困地区人民进行脱贫能力的教育与培育，增强扶贫对象抵抗贫困的能力，使其能够具有支配资源的能力，能够获得快乐幸福等[105]。

2.2.5 劳尔·普雷维什——中心-外围

"中心-外围"结构是由拉丁美洲当代最富盛名的经济学家劳尔·普雷维什首先提出[106]。在 1949 年 5 月递交的《拉丁美洲的经济发展及其主要问题》报告当中，普雷维什指出在传统的国际劳动分工下，世界被分成了中心和外围两个部分，形成了"中心-外围"的国际分工体系[107]。

普雷维什自大学毕业后一直从事与经济有关的工作，但在工作期间，他发现过去所接触的任何一个经济理论都无法解释智利的经济问题[108]。长时间的工作实践及经验积累，使他总结出了自己的一套理论，即"中心-外围"理论。普雷维什用"中心"来描述占据优势和主导地位的西方发达国家，"外围"则用来解释世界上广大的发展中国家和地区[109]。

"中心-外围"理论认为，发达的西方国家与广大的发展中国家和地区之间存在不平衡现象[110]。"中心-外围"理论在揭示国际分工情况的同时，还深刻地揭示了"外围"国家贫穷落后的根源[111]。更有诸如阿尼瓦尔·平托（Aníbal Pinto）、萨米尔·阿明（Samir Amin）、特奥托尼奥·多斯桑托斯（Theotonio dos Santos）等学者对"中心-外围"理论进行了更深入的讨论与发展。在中心国家间存在的经济与金融利益关系在与外围的关系中发挥着重要作用[112]，当利益受到怀疑和损害，就会出现针对利益迫害者所发生的流血和战争。

从全面宏观的角度出发，依据"中心-外围"理论中处于"中心"国家和"外围"国家不平等关系的观点，分析发展中国家不发达的原因[113]，经济与利益联结的问题尤为凸显，这点对于中国解决贫困问题具有重要启示。不可否认，当今世界上"中心-外围"格局依然存在[114]，作为发展中国家，中国要坚持完善社会主义市场经济体制，转变经济发展方式，更要坚持城乡统筹、东中西协调发展，不断改善民生[115]。同时要发挥创新能力作为驱动型力量，优化产业结构，不断进行创新改革，提高我国的竞争性优势[116]。在国际大背景的前提下，由国家整体发展作为依托和保障，各地区间内发挥地域优势，增强创新，减少贫困的发生，并以此实现脱贫[117]。

3 贫困识别及匹配视野分析

进入21世纪后，我国扶贫开发的战略重点开始从解决温饱为主转入巩固温饱成果、加快脱贫致富的新阶段。为精准识别贫困对象与扶贫产业，本章以双边匹配为切入点，构建基于农户特定需求与生产行为主导下的匹配互动关系的逻辑框架，拓宽产业与扶贫的研究视野，从单独追求"产业发展"拓宽到"产业到户"二元要素的角度，从理论上反推贫困地区扶贫产业良性发展的路径。

3.1 我国扶贫领域的四次变革及贫困识别方向

自改革开放以来，我国不断朝着减少贫困人口，实现共同富裕的目标前进。从减贫理念、扶贫方式、贫困识别上不断地调整，带来的是贫困人口不断减少、贫困发生率不断降低的巨大减贫成果，特别是随着2013年习近平总书记首次提出的"精准扶贫"的战略思想，提出了扶贫干预全过程精准，解决"扶持谁、谁来扶、怎么扶、如何退"等问题。同年在中央扶贫开发工作会议上，习近平总书记再一次强调"要坚持精准扶贫，精准脱贫。要解决好'扶持谁'的问题，确保把真正的贫困人口弄清楚，把贫困人口、贫困程度、致贫原因等搞清楚"。准确识别致贫因素，做到对村域致贫因素的整体把握，为靶向脱贫奠定基础。

3.1.1 1978—1985年救济式扶贫

第一个阶段为1978—1985年，以完全输血式的救济扶贫为主。采用赋予生产自主权，解放农村劳动力向非农领域就业；放宽农产品价格，调整产业结构，发展乡镇企业等一系列惠民政策，瞄准"老、少、边、穷"等贫困地带作为工作的重点区域，此阶段贫困人口减少到1.25亿人，贫困发生率下降14.8%左右。

1978年中共十一届三中全会审议通过的《中共中央关于加快农业发展若干问题的决议（草案）》中，第一次明确提出我国的贫困问题。1984年，中共中央、国务院发布了《关于帮助贫困地区尽快改变面貌的通知》，提出帮助"老、少、边、穷"地区改变贫困面貌。国家采取了一系列措施，如支持并给予"老、少、边、穷"地区发展资金、"三西"专项计划、18个贫困地带重点扶持等，把工作重心调整到经济建设上来，在贫困形态上，此阶段是贫困面积最大、贫困人口最多、贫困程度最深的普遍式贫困，因此此阶段的国家贫困识别方式为区片式的经济衡量为主。

3.1.2 1986—2000年开发式扶贫

第二个阶段为1986—2000年，以开发式扶贫为主。采用增加扶贫投入，组织劳务输入，改善基础设施，对口帮扶，定点扶贫等政策，以老革命根据地、少数民族地区的592个国定贫困县为主要扶贫对象进行县级瞄准，此阶段贫困人口减少到3 000万人，贫困发生率下降30%左右。

该阶段调整了贫困识别的方向，由原来的只注重经济水平到针对贫困人口的生活质量，这是一次质的飞越。从贫困识别机制上看，以县级瞄准的方法，将资金、政策等资源集中解决国定贫困线的贫困问题，这种扶贫方式在扶贫初期解决了大面积的贫困，同时降低了扶贫的管理成本，但是这些国定贫困线并未覆盖我国所有贫困人口，据统计我国还有超过40%的贫困人口未生活在国定贫困线中，那么这部分贫困人口势必很难获得扶贫红利，享受不到扶贫政策所带来的相关政策。

3.1.3 2001—2010年参与式扶贫

第三个阶段为2001—2010年，以参与式扶贫开发方式为主。以"整村推进"的点状式扶贫为主要扶贫方式，以14.81万个扶贫村为目标，强调以村为单位调动群众的参与性，自下而上地综合性开发，此阶段实现贫困人口减少到2 688万人，贫困发生率下降2.8%左右。

进入21世纪以后，我国贫困人口的数量和比例大幅度下降，从空间上看贫困人口的分布从片状转为了点状，更趋于分散化和点状化，如果仍坚持使用县级标准，则势必造成扶贫资源的浪费和目标点的偏移。因此，则由原来分散的贫困识别慢慢聚焦于全国83%的绝对贫困人口和65%的低收入人口。

3.1.4 2011年至今精准式扶贫

第四个阶段为2011年至今，以片区攻坚扶贫、精准扶贫，针对性扶贫为主要扶贫方式，动态管理为政策，注重瞄准着力，扶贫对象识别，以全国14个集中连片特困区为目标的精准扶贫，实现贫困人口减少到3 046万人，贫困发生率下降到3.1%左右。

"精准扶贫"概念的提出，标志着我国在扶贫方式上发生了根本性的变化，由粗放的漫灌到精准的滴灌，对于"扶持谁"的问题，要求实现"扶持对象精准"。实现扶贫对象精准化，就是要做到两区分：区分贫困户与非贫困户，区分贫困地区与非贫困地区。困难的是区分出非贫困地区的贫困户，区分贫困地区的一般农户。只有准确识别贫困人口，才能精准施策，将目标群体纳入到受益群体之内，将非目标群体排除受益群体之外，提高识别效率，降低偏差率和漏出率，而这在实际的扶贫识别工作中仍是一个难题。

3.2 贫困识别多维困境

我国经历了片区瞄准、省级瞄准、县级瞄准等多种瞄准机制的变化，研究的视野越来越聚焦。扶贫区域不同，区域范围内的致贫原因不同，扶贫产业也有所差异，但是提高识别率是我们所不断追求的。但在具体实践中，往往会遇到许多干扰因素，造成偏差，给识别工作带来困难。

3.2.1 扶贫对象精确识别难题

阿特金森认为贫困问题的首要阐释是贫困以及怎样识别贫困人口。我国经历了扶贫形态片-县-村-人的四次变革，其中关注重点以及贫困施策都发生了巨大变化，扶贫目标越来越聚焦在较小行政单位[118]，研究视野越来越聚焦于靶向识别。然而随着扶贫瞄准下移的同时，贫困的识别难度却在上升。

3.2.1.1 从管理者角度来说——信息不对称

作为行政管理主体的政府及其权力机构，相关决策的出台与制定最重要的依据是信息，而信息的完整性、准确性和精确性[119]，是在贫困识别环节中最重要的基础。David Bigmana et al. 认为缺乏最新准确信息如家庭特征、收入信息等要素是大多数扶贫项目的一个重大制约因素[120]，但是目前信息获取的途径普遍单一化，获取的方式也存在一系列问题，例如通过观察、询问获取信息，虽简单易行，但过于主观粗略；农村信息员的信息填报，虽然贴近实际，但难免存在主观猜测和带入判断等；贫困指标的分配，虽然对指标内贫困人口具有效益，但是产生了排挤现象和不公平的问题[121]。

因此，从管理者角度来说造成信息不对称的原因，除了主体精力、能力的限制，还包括个体差异以及出于对自由财产、收入的保护意识等原因，造成信息不对称产生的信息偏差，进而造成了扶贫对象的识别难题。

3.2.1.2 从贫困户角度来说——拆户现象

从贫困户角度来说的"人为拆户"，也是制约识别信息精准程度的因素之一[122]。人为拆户是指部分农户对脱贫表现出抗拒性和对扶贫资金产生依赖性，从而虚报家庭收支状况，将家庭需承担的义务转嫁给了国家和政府，常见的拆户方式有老人与子女拆户，残疾夫妻假离婚拆户等。在扶贫资金一定的情况下，必然使真正需要资金注入和资源扶持的贫困人口得不到足够的资源。而造成拆户现象的原因与我国贫困线制定中主要考虑人均收入和消费的双指标法有一定关系，它综合衡量家庭的经济性，以及食物和非食物的价格消费指数等要素的变化，而家庭中的非经济要素，如家庭人口总数、需赡养老人数量、家庭特殊成员数量等指标未纳入其中。因此，在贫困线的制定上，可以参考欧洲国家的方式，充分考虑个体家庭的贫困个性化，考虑家庭规模和家庭结构、人口数量、家庭弱势群体数量，以及家庭照顾费用的开支等，制定不同的贫困线，例如美国在制定贫困线时，在人口数量方面规定了 5 人及以下的人口贫困线为 28 410 美元，6 人 32 570 美元，7 人及以上贫困线为 36 730 美元。

另外，对于贫困线经济性测量也存在不稳定的属性[123]。即使关于当年的货币总量或者当期收入的测量是准确无误的，也会掩盖同为货品量贫困之下的贫困群体所面对的多维度剥夺的差异性，收入贫困对象可能只是暂时性的收入减少和中断[124]，从而造成现行贫困标准下的"虚假贫困"，这就要求贫困线的综合考虑可以使得识别更具有靶向性和准确性，从根本上消除人为"拆户"的动机。

3.2.1.3　从贫困自身角度来说——系统复杂性

从贫困自身角度来说，贫困的形成本身是综合性影响因素的结果，那么对于贫困识别就必然是系统的工程，不存在一劳永逸的、临时性行为。例如存在于贫困线上的脆弱区间易于返贫，如贫困本身的动态性，要考虑目标对象的贫困流动状态，也就是说对于家户本身的可行能力的质变要考虑福利状态问题，对于未预料的外界冲击而导致的随机性事件要考虑时间性和持续性问题。

另外之所以贫困，是多种致贫因子共同作用的结果，例如贫困的时间性，即长时间贫困还是暂时性的不幸。如果静态地看待贫困，就会不可避免地将暂陷入贫困的群体纳入扶贫范围，而长期贫困群体也可能会由于某一期的福利水平偶然高于贫困线被排除在扶贫对象之外，造成识别偏误和扶贫政策的失效。对此这也从侧面反映出，贫困识别要考虑多年的脱贫和返贫人口，充分考虑贫困与非贫困之间的脆弱区间。贫困是多元概念，那么在定义多元概念时，也就必然导致不一定出现一类囊括所有的指标，正是这些衡量指标的差异性，为贫困的精确识别提出了难题。

3.2.2　扶贫措施精确识别难题

中国扶贫实践带来了扶贫理论、方法的发展。尤其是党的十八大以来，我国扶贫理论不断演进,进一步丰富了扶贫理念、创新了扶贫思维、提升了扶贫战略。扶贫的具体措施包括很多种,如教育扶贫、科学扶贫、生态扶贫、党建扶贫、社会扶贫、资产收益扶贫、内源扶贫、产业扶贫等,而产业扶贫是最具有"造血"能力的扶贫道路之一,它可以调动贫困人口参与的积极性,促进增产增收,是一种行之有效的扶贫方式[125]。然而部分地区的扶贫产业在运行和发展过程中,并未像其作用描述那般表现出强壮的生命力。究其原因,除了政策扶持力度不均、财政资金不足等原因外,还存在着区域的协调性、对象与措施的匹配性等软性因子,以及扶贫措施(这里特指扶贫产业)在设立之初的精确识别问题。

精确识别扶贫产业就是要解决产业安排是否合理的问题。精确识别扶贫产业就是要考虑所配置的产业是否实现脱贫需求;是否体现参与性和公平性;是否满足地方实践,体现扶贫产业的益贫性和较强经济效益;是否遵循市场规律,体现市场价值等。

扶贫产业精确识别难题也正在于此,如何精准定位贫困人口的需求,如何准确把握实际问题,如何全面把握驱动产业发展的因素等,这考验政策制定者在产业设立之初既要有透过现象看本质的能力,分辨贫困人口系统性差异以及对扶贫产业收益周期的预判,还要有市场意识、产业意识等。如何准确把握市场的未来走势是个难题,另外扶贫产业的设置,不仅考虑一般产业的经济效益,还要考虑非经济要素-宜贫性和带动性,如市场的前景,可持续发展水平,创新和技术先进性,以及对周边贫困人员的吸纳能力,市场、持续性、创新性、先进性、吸纳能力这五方面是有机统一体,单一指标高低会在实践中产生偏离,造成一定偏差,但从实践角度考虑,通常会出现单一市场经济效益高于其他四个指标的现象发生。

3.2.3 基于双边匹配的贫困识别要素分析

在贫困形态上,我国经历了普遍贫困、插花贫困、区域贫困、片区贫困的多个贫困变化形态,对贫困的理解越来越全面和深入,在贫困识别上也有不同角度可以借鉴。

3.2.3.1 贫困人口识别角度

在贫困人口的识别中,教育、健康、收入与营养指标的设立及权重对多维识别都是至关重要的,前三项具有很强的辨识性和衡量标准,能够用"是否"来直观形容,但是"营养"要素最具有隐蔽性,涉及到营养不良和营养偏颇两个概念,营养偏颇是有人为选择的干预如孩子挑食、饮食差异等,而营养不良则是想要获得某一营养而不得,因此在贫困识别时要区别对待[126]。

(1) 可持续生计上的贫困识别

贫困是一个集合概念,不仅包括查明贫困的范围,还包括贫困状况的全面掌握,而准确识别出关注焦点是第一步[127]。用于衡量生计水平的贫困识别不仅包括收入短缺,还包括权利的缺失和能力不足,生计水平包括了最低限度的交换权利和基本(营养)需求。

- 最低限度交换权利的贫困识别

运用交换权利识别贫困人口,在不存在非权利转移(如经济救济)的情况下[128],对于所有必然导致贫困的所有权组合的有效识别,是识别贫困人口的关键所在[129]。给定一个家庭的所有权组合的情况下,所有影响所有权组合的因素都可以作为识别的要素,信息交换权利集中的资源禀赋和交换权利的所有权向量即为识别贫困的关键向量[130]。

为了验证交换权利识别贫困人口的科学性,定位了具体村域(阜平县东部地区的山*头和中部地区的石*村),通过对扶贫项目的认识,了解扶贫工作的渠道,政府开展扶贫工作的难点,不参加扶贫工作的原因以及帮助扶贫对象的渠道五个方面进行假设,对假设因素进行了二维交叉分析[131],找出影响的相关因素,最后以此等相关因素作为自变量,以扶贫对象参与意愿为因变量建立二元回归模型,分析各影响因素的相关程度,得出扶贫项目的认识、求助方式、年龄、愿意投资的金额、文化程度和性别是影响交换权利的重要因素[132]。

- 基本(营养)需求的贫困识别

罗恩特里(Seebohm Rowntree)把贫困家庭定义为"总收入不足以获得维持体能所需要的最低数量的生活必需品"[133]。基本(营养)需求包括两个方面:一方面是涉及收入水平的营养组合;一方面是未涉及收入的概念。直接方法或收入方法这两种方法代表两种不同的贫困概念,并不是对同一种事物的两种识别角度。

首先,涉及收入水平的营养组合是用收入水平相关的营养组合来识别贫困。收入方法是建立在消费行为上,充分考虑了差距的问题(消费行为差距、价格差异等),所识别的是按照社会典型的消费方式没有能力满足该需要的那些人[134]。用收入标准识别贫困,大部分学者对此持有包容态度,肯定其功能,然而也存在随意性,但不可否认的是,使用收入水平识别贫困人口提供了偏离贫困线程度的计量,需要进行贫困线测量和贫困缺口测量,但它不能体现贫困者内部收入差异扩大对贫困状态的影响[135]。

其次,未涉及收入水平的营养标准是用消费水平获取的营养组合来识别贫困。在衡量营养标准时,识别贫困不一定要借助收入水平这一介质[136],只需要测量营养状况是否满足营养标准即可。而营养状况是可以通过大面积的组合抽样调查,这可以简化从营养到贫困线的转化。消费组合是否满足其需要来识别贫困。

(2) 空间区域范围上的贫困识别

区域家庭范围是指个体主要活动半径到最近乡镇或集市的生活轨迹。我国 14 个连片特困区中 90%均处于山区，虽然这并不意味山区就一定是贫困的，但可以从侧面反映出山区距离交通要道的距离以及通达的难易程度要远远高于平原地区，且更容易受环境的牵绊。正如 Shahe Emran et al. 认为的那样"家庭位于市场更近则收益更高"。身处偏远区域，陷入贫困的可能性较大[137]。由于行政区划，地区间贫困人口的分布范围存在差异，从山区自然村的分布情况可以看出人口分布呈现密集、分散状态，如果单纯以活动范围来识别贫困，必然导致将个体分散的贫困人口拒之门外，造成不公平现象，因此，要更加注重加尔布雷思提出的个别式和岛屿式的贫困区域划分[138]。

区域性的贫困只是贫困的一种表现形式，区域范围的扶贫不仅要有子区域的精准识别，例如准确定位区域的生态地理条件、政策性条件等因素，更要把区域范围的贫困识别与非贫困区域农户个体识别相结合，甚至要更加精确地识别出不在贫困区域范围内的个体贫困。

通过对区域贫困陷阱的识别，判断区域内贫困的聚集类型及程度，得到不同尺度下综合劣势分析，并以此为根据设计产业减贫路径，从而提高产业扶贫政策区域识别瞄准的精度，最大化发挥出区域识别瞄准对微域识别瞄准的中介作用[139]，为区域瞄准下的扶贫产业发展奠定空间基础。

(3) 行政区域层级上的贫困识别

我国幅员辽阔，各省市县经济发展极不平衡，而采用人均收入和人均消费的双指标识别法统一划定贫困线，虽然可以一定程度识别贫困人口，但却没有考虑到贫困在行政区域上的聚集性。考虑到家庭规模和家庭结构的多样性，如家庭总人口数量、家庭弱势群体数量，以及家庭照顾费用的开支等均需要充分考虑，这里可以借鉴欧洲经验，在识别贫困时充分考虑家庭结构和特殊家庭，做到"省区有别"，正如刘洪等通过实证分析认为层级变量农业人口比重对农户贫困有显著影响作用，在考虑层级变量下，各因素对农户贫困的影响程度差异明显[140]。

3.2.3.2 扶贫措施精确识别角度

从全国整体情况来看，随着扶贫措施（这里特指扶贫产业）的不断带动，对减贫起到了一定的正向作用，但扶贫产业的发展存在着参差不齐，未能充分体现扶贫产业的益贫性等问题。那么在产业瞄准识别中，不能局限于特定区域，而是要注重不同区域同产业以及同区域不同产业之间的关联，考虑前后及旁侧产业的关联性等，探索扶贫产业之间竞合关系的产业结构、产业特征和产业关联。

(1) 基于分区域视角的扶贫产业识别

由于不同区域内资源禀赋、产业基础、价格机制以及政府的政策空间等因素的影响，省、市之间存在较大差异。因此，在产业选择上，首先就是要分区分片[141]，突出区域优势，体现产业区域特色，避免瓶颈产业的过早出现。注重区域特色，如政策制度、当地文化、民风民情等，在千差万别中找出共同性，进一步缩小范围，使产业扶贫更加符合区域实际。同时还要将亲民性体现在区域扶贫产业的识别上，也就是说考虑区域产业经济最大化的同时，注重非经济因素，分析多种区域内产业发展曲线变化及变化特征，周边市场生产要素流动性及原材料的供给等，从产业结构特征、相对竞争优势、发展前景三方面识别区域扶贫产业，从而避免主导产业的极具扩散效应以及带动效应的牵制，选择出具有较好和广阔的农业主导产业。

(2) 载体接受程度的扶贫产业识别

产业发展是一个介入过程，载体对于产业落户及产业发展的接纳程度是衡量产业介入是否成功的前提条件。载体包括了产前、产中和产后，其中产前涵盖当地科研实力、金融力量、政策空间所提供的保障条件；产中包括贫困人口的接纳能力、贫困人口的实际水平和接纳能力以及光、温、水、气等环境要素的满足程度；产后包括市场产品的占有率、市场中的饱和度、市场认可度等因素。

科研、金融、保险三者构成了扶贫产业落地的保障体系，是产业识别的前提。而在产业发展中（这里特指农业生产产业和乡村旅游业），环境要素的重要性是毋庸置疑的，为农业生产提供必需介质，保障农事顺利进行，同时贫困人口作为产业介质中最重要的受体，也是作为农事生产的重要参与主体[142]，为所识别的扶贫产业提供人资保障，其对产业的认可和接纳程度，同样影响产业发展水平。同时在产业链的视角下，考虑扶贫产业对贫困区域的带动效率[143]，以及产业链各经营主体合理利益的最佳分配点[144]，通过对产业市场化或市场化产业进行分析，拓展产业与扶贫的研究视野，从单一的"产与产"之间、拓宽到"产与人"以及"全产业链利润分配""市场化"的角度。

(3) 多产联合发展角度的扶贫产业识别

扶贫是点对点的分散行为，而脱贫则需要产业之间的互助与协作发展，因此，多产业联动才是实现脱贫的关键。在产业识别中，首先要有多产联合的意识，但现实往往存在着产业之间的竞争和制约，例如同一区域中畜牧业污染与绿色旅游业的冲突、光伏产业占地与种植业用地冲突等。这就要求在扶贫产业的识别之初，要有产业与产业之间、产业内部链条之间的双重考虑。详见图3-1。

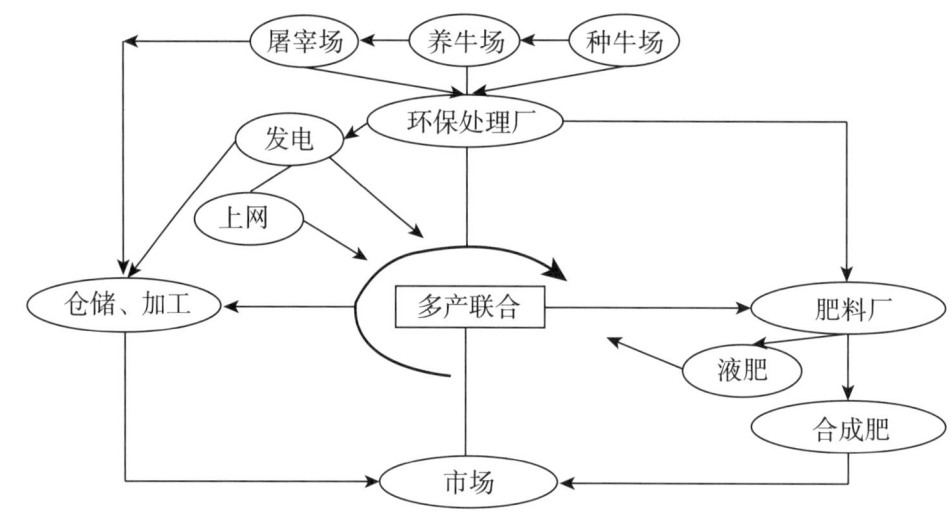

图 3-1　举例说明多产业联动的循环途径

（资料来源：2018年年初对研究区域的实地调研）

在考虑市场的前景、竞争力和潜在需求、辐射带动的前提下，优先考虑关联系数较大的，能够串联不同产业，促进或带动前后产业发展，实现多产业融合的产业类型。产业联动发展，减少产业之间利益对抗，增加利益分享，实现多产业联合下的脱贫之路。详见图3-2。

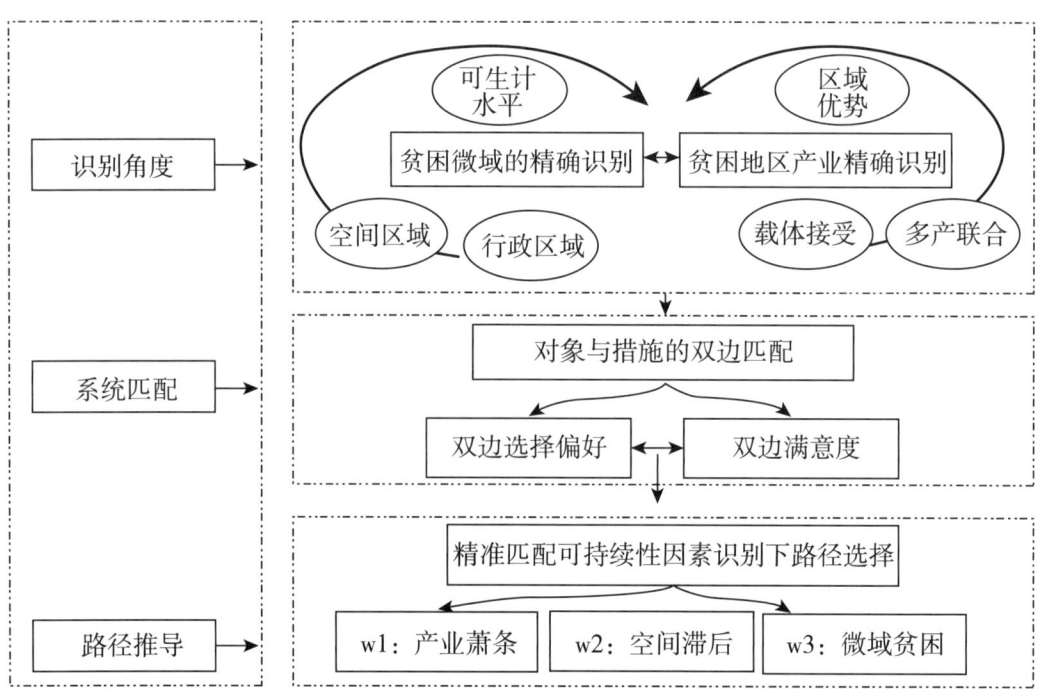

图 3-2　识别角度-系统匹配-路径推导图

3.3 扶贫对象-扶贫措施匹配的二元要素分析

在脱贫攻坚、产业到户等一系列的战略前提下，仅对扶贫对象和扶贫措施的识别远远达不到脱贫效果[145]，还缺少彼此之间的黏合剂-双边匹配。双边匹配是以环境因素、人员素质、产业发展以及技术要求这四大因素为依据，通过筛选、考核、认同、初配等过程控制，将扶贫对象的自有属性与扶贫措施特定要求有机结合，实现二者的双边匹配，实现扶贫对象的人尽其才，扶贫措施的物尽其用，最终实现脱贫。

匹配是一个过程，具有发展性，在双方相互符合的情况下才能实现最优匹配[146]。低程度的匹配会随着扶贫对象素质的提高、技能的提升及经验的逐步增加，发展实现高程度的匹配，高程度的匹配也有可能由于市场的变化、技能的迁移、能力的不足而变成低程度的匹配。延长高程度匹配、延缓低程度匹配的衰退时间，建立高匹配度的模式机制，分析高匹配度的影响因素，归纳空间滞后、产业萧条、微域贫困之间的内在联系，将为反推脱贫策略，倒逼脱贫路径，最终实现最优配置奠定基础[147]。

3.3.1 二元双边匹配主体分析

3.3.1.1 贫困人口

贫困人口是匹配过程的主要参与主体。贫困人口的需求意愿、能力水平、预期高低都直接影响着整个匹配过程和匹配结果。他们往往受教育程度低，或身体状况不佳，或年龄普遍偏高，缺乏手艺技能，或思想相对保守等特征，但是该群体劳动力资源丰富，以及拥有足够多的土地面积用于发展农事生产活动，是特征较为鲜明的群体之一。因此在匹配过程中要充分发挥其优势特长，根据贫困户的属性特征划分类型，并对其进行聚类分组，如基本生产生活组、自我发展组、环境资源组等，这决定了匹配过程的合理与否。

3.3.1.2 扶贫产业

扶贫产业作为整个匹配过程的重要组成部分，被拟人化地参与了匹配过程，负责筛选识别的是政府部门或政府委托的村干部及驻村工作组。扶贫产业与其他产业的最大不同之处在于是否最大限度吸纳周边贫困人员脱贫致富,具有一般产业选择的竞争力、适宜性、关联性、可持续性、经济性等多个角度外,益贫性也是最重要的特征之一,在体现地方特色的同时,充分利用劳动力资源并符合劳动力发展能力的扶贫产业,这为匹配之初的产业选择提供了方向。

3.3.1.3 政府及市场

匹配过程的间接参与主体是政府及其相关部门和市场,二者对于匹配过程具有拉动和刺激作用。在匹配过程中产业优惠政策、金融保险政策的出台,对于产业发展、市场价格波动起到至关重要的作用。在政策和市场的双重制约下,通过一定的市场调研、价格监测、政策导向等综合考虑,而形成的符合当地环境及要求的扶贫产业集合(x_1、$x_2 \cdots x_n$),扶贫对象根据自身条件、发展期望在集合中自由选择,形成匹配结果$f(x_1)$、$f(x_2) \cdots f(x_n-1)$、$f(x_n) \cdots f(\phi)$。需要说明的是$f(\phi)$表示匹配的失败,也就是说虽然有一系列扶持政策和良好的发展前景,但扶贫对象却没有选择产业集合中的任何一种产业,这可能是集合本身的问题,即没有全面覆盖扶贫对象发展的实际需求,也可能是扶贫对象自身的问题,例如抵触脱贫等思想。详见图3-3。

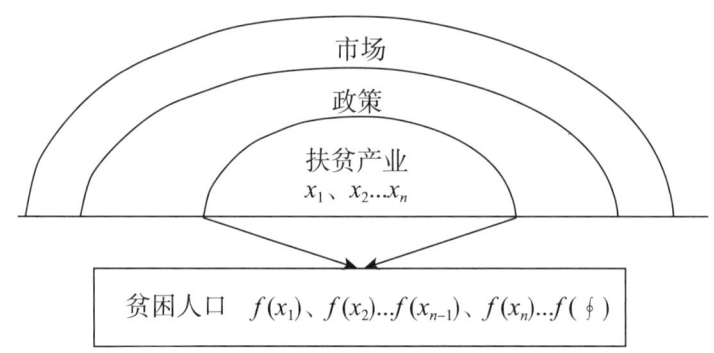

图3-3 间接参与主体在匹配过程中的流程

3.3.2 二元要素的双边匹配流程

3.3.2.1 初配阶段

初配阶段包括了匹配双方的初识OC和初步匹配CA两个阶段,扶贫对象与扶贫措施的匹配不是简单的供需匹配,而是个体内在特质与产业基本特征的一致性,因此匹配方案也不是单一的,可以是个体与多个产业,也可以是同一产业匹配多个个体。

此阶段重点考虑以下匹配要素：首先，多属性匹配，如某特色产业所需的特殊环境与对应贫困户所拥有土地的环境属性对照；其次，模糊信息的多属性匹配，如新引入的产业的市场前景与对应贫困户对新引入产业的接收程度及自身属性的比对；最后，多个交易主体的多目标匹配，如扶贫产业的良性运转属性对多个贫困户的选择以及贫困户对多种扶贫产业的多数量定位等方面的问题。同时，在匹配初期，不仅要考虑匹配双方的信息特征、预期差异、匹配主体的悲观度、满意度、贪婪程度等要素之外，还需要根据不同扶贫产业特性和群体综合优势等进行两两匹配，以达到匹配价值和达成度的最大化。

此外，在匹配双方初识的 OA 期，分为初识 OC 期和初配 CA 期。首先，在初识 OC 期是初步筛选和选择阶段。通过政府宣讲、科技培训、组织参观等方式增进贫困户对各个扶贫产业的了解程度，通过将产业信息进行比较和初步筛选，选择出能够满足贫困户自身需求、有吸引力的扶贫产业。同时政府委托的村干部或驻村工作组对于贫困户的选择进行初步评价，寻找符合产业发展基本条件和能力的贫困户作为关注对象，进入选择认可阶段。如果认可通过，则进入了双边匹配中实质性内容，如知识储备、资金储备、技能储备等的磨合适应，否则，认可结束，新的信息收集重新开始。其次，在初配 CA 期是认可阶段。随着双方的互适性增强，吸引轴距变得最短，那么就到了信任度最高，活动最频繁，匹配效率最高的快速发展阶段。详见图 3-4。

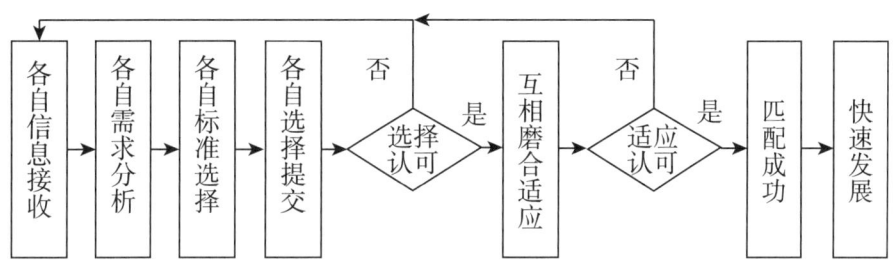

图 3-4 初配阶段流程

3.3.2.2 高匹配持续阶段

在精准扶贫中匹配是手段，提升精准匹配后的持续时间才是提升扶贫产业价值竞争力的源头动力。匹配效率的高低在很大程度上决定了相应价值增值的能力和程度。匹配流程往往呈现抛物线形（图 3-5），随时间轴 X 的推进，收益 Y 在不断增加，当达到峰值 a 点时，匹配不会因时间的增加而效益增加，但效益也不会降低，即保持在一定的稳定水平。而当峰值达到 b 点后，效益缓慢甚至急速下降直至为 0。从 a 到 b 的持续时间不等，可能几年，也可能是几个月，这主要取决于发展动力的稳健程度。因此，延长峰值的持续时间，或者减少匹配的下降速度，提高匹配收益率的时间则成为匹配成功后，起点 a 到 b 的关键所在。

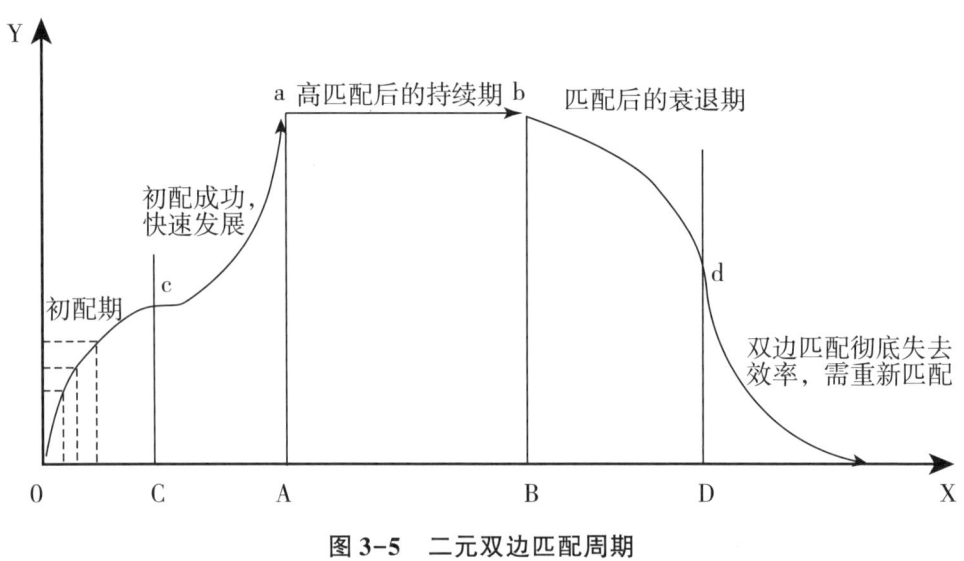

图 3-5 二元双边匹配周期

只有找到促进双边匹配成功的胶质即内源动力，破解匹配持续时间的难题，才能提高匹配的持续时长[148]。人的行为受动机支配，动机可以理解为一种需要，这种需要不仅包括解决基本生活保障（如需要提供给上学孩子的学习费用，需要赡养老人，需要支付医疗费用等），还包括被认同的需要（如成就、赞誉和认同等），因此，要从人性本质体会匹配过程中扶贫对象的根本需要是什么，以此为线索准确分析匹配的动力来源，从而使匹配动力得以持续和强化。在匹配持续期，是否提高经济性，满足心理需求就能延长高匹配后的持续期，或减缓匹配衰退？或者说经济收益达到哪个峰值有相呼应的最高匹配胶质？在持续期与衰退期的交点处农户的真实感受是什么？这都需要后续的深入研究，同时也是作者接下来的研究方向和思考重点。

3.3.2.3 匹配衰弱期

任何系统在发展到一定阶段后都会有自动下降和衰退的趋势，匹配模型也不例外。扶贫对象与扶贫产业周期衰弱表现为匹配动力的下降，经济效益的下降，产品价格的向下波动，贫困户积极性的改变等。当从 b 点降落到 d 点，随着时间的推移，收益率下降，但仍然是有利可图的，大部分农民因其保守心理，还会继续保持产业份额，因此，此阶段匹配效率虽然处于下落期，但不是真正意义上的衰退（图3-5）。当超过 d 点后，收益急剧下降，需求动力完全不足，才代表此次匹配的失效。匹配不是一成不变的，也不存在一劳永逸的永久性匹配，只有不断调整、适度变化，才能给匹配注入新的活力。

3.4 本章小结

本章通过双边匹配视角下扶贫对象与扶贫措施识别效应研究，剖析对象-措施识别的影响因素，同时将需求要素和驱动要素引入二元双边匹配模式中，从而实现从单纯追求产业发展扩展到对象-措施-产业链相结合的角度。此外，在双精准的基础上，本书提出影响高匹配模型的关键要素以及其存在的理想化状态的可持续性，为高匹配后反推产业扶贫路径提供参考，得出以下结论。

一是扶贫对象的精准识别，就是按照统一标准，通过规范的流程和方法，找出真正需要扶持的范围，这个范围可以是具体的某个人，也可以是个微域的集合概念。随着扶贫瞄准目标的下移，瞄准的对象由区域到村，再到户的识别，越来越有针对性，越来越讲究靶向识别，但是瞄准方向的下移，扶贫对象的识别难度却在上升。首先，扶贫对象识别是一项复杂的系统工程，所涉及的人员众多，不仅需要相应的配套措施，更需要诸如相关部门的积极配合及全社会的大力支持，以及扶贫对象参与精准识别工作的积极性。其次，对于扶贫对象识别所要考察的体系的构建，很难出现某一指标对于所有识别因子的囊括。最后，扶贫对象的识别本身是一个系统工程，不存在一劳永逸的、临时性行为。

二是扶贫措施，特指产业扶贫是一种行之有效的扶贫方式，然而部分地区产业发展并不尽如人意。除了政策扶持力度不均、财政资金不足等原因外，还存在着区域的协调性、人员的匹配性等软性因子，以及产业设立之初的精确识别问题。如何准确把握实际问题，如何全面把握驱动产业发展的因素等，这考验政策制定者在产业设立之初既要有透过现象看本质的能力，还要有市场意识、产业意识等。不仅如此，在扶贫产业的识别中还要根据贫困人口群体的系统性差异的分辨以及扶贫产业收益时长的预估等问题也是摆在面前的难题。产业是一个不断演化的过程，具有周期的波动性和市场性，使得很难精确把握。

三是双边匹配是扶贫对象与扶贫措施的黏合剂，可以为不同区域下贫困户中的扶贫产业的定位提供研究视角。将产业与扶贫的研究视野进行拓展，从单独追求

"产业发展",拓宽到"产业到户"二元要素的角度。在产业到户的战略前提下,以扶贫对象与产业的合理匹配为切入点,探索基于特定需求与生产行为主导下的产业识别及匹配模式,实现二元合理配置。在扶贫对象与扶贫措施各自的属性特征划分的基础上,探索空间滞后、产业萧条、微域贫困等问题的内在联系,从理论上反推贫困地区扶贫产业良性发展的路径,具有一定的现实意义和理论意义。

4 研究区域概况

4.1 河北省精准扶贫发展情况

4.1.1 河北省扶贫发展概况

近几年,河北省扶贫开发工作取得显著成绩。贫困人口逐年降低,从 2012 年的 437 万人,降到 2018 年的 63 万人,贫困人口下降比率超过 80%,贫困发生率下降到 4%。人均收入和消费均呈现逐年递增的趋势,人均可支配收入由 2013 年的 9 188 元上升到 2018 年的 14 031 元,人均可支配收入的上升比率为 52.7%,人均消费由 2013 年的 7 377 元上升到 2018 年的 11 383 元,人均消费的上升比率为 54.3%。河北省是扶贫任务较重的省份之一,截至 2019 年仍有 62 个贫困县,7 366 个贫困村。深度贫困县 3 市 10 县,同时被纳入燕山-太行山区连片特困地区,具体涉及到张家口市的康保县、沽源县、阳原县、尚义县、张北县,承德市的丰宁县、隆化县、围场县,保定市的涞源县、阜平县。详见表 4-1。

表 4-1 河北省 2013—2018 年贫困状况

项目	年份					
	2013	2014	2015	2016	2017	2018
贫困人口规模(万人)	366	320	241	188	124	63
贫困发生率(%)	20.4	19	14.2	10.6	7	4
常住居民人均可支配收入(元)	9 188	10 186	11 051	11 919	12 881	14 031
常住居民人均消费支出(元)	7 377	8 248	9 023	9 798	10 536	11 383

数据来源:2019 年中国农村贫困监测报告。

4.1.2 燕山-太行山连片特困扶贫发展概况

《中国农村扶贫开发纲要(2011—2020 年)》中燕山-太行山地区是我国 14 个集中连片贫困地区之一,燕山-太行山贫困带涉及河北省、山西省、内蒙古自治区三省区的 33 个县,处于河北省省内的有 22 个县。河北省的贫困人口主要集中于此,这是扶贫开发难啃的"硬骨头"。燕山-太行山贫困片区气候高寒、干旱、易涝,耕地少,山地石漠化严重,自然条件差,自然灾害多,生产生活条件差,耕地面积仅占国土面积的 18%,全年因干旱受灾的人口达到 40%。

燕山-太行山地区贫困人口逐年降低，从 2013 年的 165 万人，降到 2018 年的 40 万人，贫困人口下降比率 75.75%，贫困发生率下降到 4.5%。人均收入和消费均呈现逐年递增的趋势，人均可支配收入由 2013 年的 5 680 元上升到 2018 年的 9 701 元，人均可支配收入的上升比率为 70.79%，人均消费支出由 2013 年的 5 895 元上升到 2018 年的 8 540 元，人均消费的上升比率为 44.86%。详见表 4-2。

表 4-2　河北省燕山-太行山地区 2013—2018 年贫困状况

项目	年份					
	2013	2014	2015	2016	2017	2018
贫困人口（万人）	165	150	122	99	71	40
贫困发生率（%）	17.9	16.8	13.5	11	7.9	4.5
人均可支配收入（元）	5 680	6 260	7 164	7 906	8 593	9 701
收入名义增速（%）	14.2	10.2	14.4	10.4	8.7	12.9
人均消费支出（元）	5 895	6 181	6 538	6 875	7 572	8 540
消费名义增速（%）	9	4.9	5.8	5.2	10.1	12.8

数据来源：2019 年中国农村贫困监测报告。

4.1.3　河北省扶贫重点县发展概况

2018 年，河北省共有扶贫重点县 62 个。其中，燕山-太行山集中连片特困地区的县 22 个、片区外国定重点县 23 个、省定重点县 17 个。2018 年 65 万贫困人口稳定脱贫，21 个贫困县脱贫摘帽，贫困发生率降至 0.78%。2019 年河北省扶贫工作将全面解决"两不愁三保障"（不愁吃、不愁穿、义务教育、基本医疗和住房安全有保障）突出问题，多措并举进行扶贫带动。

2020 年上半年确保剩余贫困人口全部脱贫，贫困村危房改造率 100%，7 366 个贫困村全部出列，62 个贫困县全部摘帽。稳定实现农村贫困人口"两不愁、三保障"，实现贫困地区农民人均可支配收入比 2010 年翻一番以上，增长幅度高于全省平均水平，基本公共服务主要领域指标接近全省平均水平。确保河北省现行标准下农村贫困人口实现脱贫、贫困村全部出列、贫困县全部摘帽，解决区域性整体贫困。截至目前"两不愁三保障"问题均已解决，但人均纯收入比全省贫困人口平均水平低 26.2%，0.82 万人收入低于上年度脱贫标准。3.4 万人中患长期慢性病和大病的共 1.43 万人，贫困残疾人 0.78 万人；有劳动能力的 1.24 万人，无劳动能力的 2.13 万人。详见表 4-3。

表 4-3 河北省贫困重点县 2013—2018 年贫困状况

项目	年份					
	2013	2014	2015	2016	2017	2018
贫困人口（万人）	274	235	167	124	87	46
贫困发生率（%）	21.7	19.8	14.1	10.5	7.4	3.9

数据来源：2019 年中国农村贫困监测报告。

4.2 研究区域（阜平县）概况

阜平县位于燕山-太行山贫困带，是河北省扶贫重点县之一（截至 2019 年年底）。位于河北省保定市西部，两省四市九县交汇处，北距北京 300 千米，南距省会石家庄 120 千米，东距保定 106 千米，西距佛教圣地五台山 48 千米，被誉为"冀晋咽喉""畿西屏障"。阜平县是全山区县，总面积 2 496 平方千米，山场面积 326 万亩（1 亩≈667.67 平方米，1 公顷=15 亩，全书同），人均耕地面积 0.96 亩，辖 6 镇 7 乡，209 个行政村，1 208 个自然村，人口 23.04 万人。

阜平为全山区县，山场面积 326 万亩，占总面积的 87%，耕地面积仅 21.9 万亩，人均 0.96 亩，俗称"九山半水半分田"。全县生态环境良好，森林覆盖率 43%，植被覆盖率 80%以上，是保定市最绿的地方。具有红色革命资源，是北方第一个红色县政权——中华苏维埃阜平县政府，以及我党我军第一个敌后抗日根据地——晋察冀抗日根据地。水资源总量 4.2 亿立方米，人均占有量是河北省的 8.3 倍，是全国的 4 倍。

2012 年 12 月 29 日至 30 日，习近平总书记到阜平考察扶贫开发工作，对贫困地区全面建成小康社会做出了"宜农则农、宜林则林、宜牧则牧、宜开发生态旅游则搞生态旅游"的重要指示。阜平牢记总书记嘱托，结合阜平自然生态环境优势，瞄准市场需求，把发展特色产业作为实现脱贫的根本之策。

4.2.1 自然条件

（1）气候条件

阜平县属暖温带半湿润半干旱大陆性季风气候，年平均气温为 12.6℃，历年极端最高气温为 41.7℃（2009 年 6 月 24 日），历年极端最低气温为-19.0℃（1998 年 1 月 19 日）。全县多年平均降水量 582 毫米。年平均风速 1.9 米/秒，以春季平均风速最大，8月最小，全年以西北风为主。年平均日照25 446小时，日照率56%，属北方长日照区，适宜各类作物生长。全年无霜期140～190天，年平均相对湿度54%。

（2）土壤条件

由于各地地形、气候以及植被状况的差异，阜平县形成了山地垂直分布。海拔2 000米以上以亚高山草甸土为主，800米以上山地以棕壤为主，800米以下植被较好的山地为典型褐土，植被差、盖度低的东南部浅山丘陵山地则主要是褐土性土壤和粗骨性褐土。

（3）水资源

阜平县水资源总量为4.89亿立方米，人均水资源占有量达2 534立方米，是全省人均水资源量的8.3倍。阜平县有六条河流，即大沙河、北流河、胭脂河、子河、板峰河、平阳河。大沙河是阜平县的主要河流，从山西繁峙县和灵丘县入境，自西北向东南流经吴王口至王林口等6个乡镇汇入王快水库，全长866千米。但是，全县年实际引水灌溉量661.7万立方米，仅占水资源量的1.3%，实际灌面积少于计划灌溉面积的1/3，不足15 666亩，降水多以地表径流形式流失，地下水难以补充。详见表4-4。

表4-4　阜平县大沙河水系五大支流水系

5个支流水系	起始地	河道长度（千米）	河宽（米）	滩地宽度（米）
北流河	龙泉关镇至大沙河汇入口	36.4	30～50	50～200
胭脂河	下庄乡至王快水库汇入口	46	50	200～600
鹞子河	段庄村至大沙河汇入口	31.46	40～50	50～200
平阳河	台峪村至王快水库汇入口	23.53	70	500～800
板峪河	大台村至大沙河汇入口	24.74	50	50～200

数据来源：中水北方勘测设计研究院调研数据。

（4）生态环境

阜平县是一个集自然景观、历史人文、红色革命圣地和地热温泉于一体的旅游资源大县。整体上生态环境优美，是京津冀一体化发展的生态支撑重地，浓缩了太行山中北段自然风光，被称为"太行山深处的香格里拉""京津西花园，五台东大门"。天生桥（天生桥镇）、神仙山（大台乡，又称大茂山）、仙人山（罗家庄村）、云花溪谷（夏庄乡）、银河山（吴王口乡）、千峰山（龙泉关镇）等景区峡谷幽深，山高壑翠,清爽宜人,是都市休闲避暑的理想之所,有石佛堂(八大名窟之一)、仙人寺("先朝仙人寺,后朝五台山")"万里长城龙泉关""古御道"等景点。城南庄村和吴王口村的温泉品质优良。

4.2.2 经济条件

(1) 贫困状况

阜平县自"八七"扶贫攻坚以来就是国定贫困县,其贫困范围广、程度深。经过近几年的发展,阜平县的贫困发生率已经大大降低,截至2017年底,全县贫困人口下降到1.22万人,贫困发生率下降了47个百分点,农民人均纯收入涨幅达57%。详见图4-1。

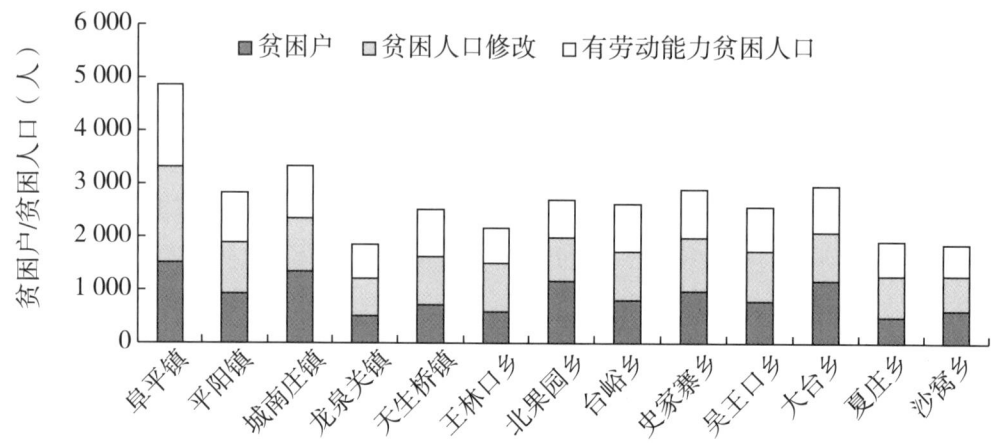

图4-1 截至2017年河北省阜平县贫困分布状况

(资料来源:2015—2017年调研数据)

从全县贫困人口来看,阜平镇、平阳镇、城南庄的贫困人口最多,但是这三个乡镇的总人口基数也相对较大,对于有劳动能力的贫困人口属于前几位,说明在阜平镇、平阳镇、城南庄发展劳动密集型产业具有一定的人力优势。龙泉关、夏庄乡、砂窝乡贫困人口与有劳动能力的贫困人口不成比例,在这三个乡镇的产业发展上,倾向于非劳动密集型。

从贫困发生率来看,平阳镇与王林口乡最低,而台峪乡处于贫困发生率的最高点。详见图4-2。台峪乡处于阜平县城东部深山区,台峪乡镇政府所在地距离县城45千米,地形以山地为主,地势起伏较大,沟壑纵横。荒山、林地所占比例较大,耕地面积小,主要沿村庄周围分布。受地形限制全乡村庄规模较小,是典型的山区式村庄。

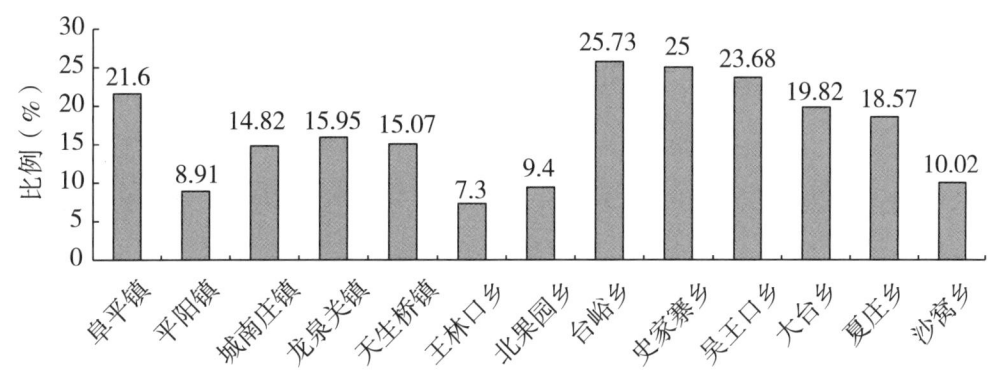

图 4-2 截至 2017 年河北省阜平县所辖 13 个乡镇贫困发生率
（资料来源：2015—2017 年调研数据）

（2）收入构成

阜平县在收入构成上有特色产业、传统种养业、手工业、旅游业等，以及依靠土地流转等方式获得的收入。其中食用菌产业共流转土地 2 万亩，产业覆盖 13 个乡镇 140 个行政村，总产值突破 2.8 亿元；林果产业覆盖 13 个乡镇 170 个村，产值 10 亿元；特色养殖产业全年总产值 6.8 亿元；中药材产业覆盖 13 个乡镇，153 个村，全县中药材种植面积达到 8 万亩，产值超过 10 亿元；家庭手工业覆盖 108 个行政村，覆盖贫困人口 110 余人，人均年增收 1 000 元左右；旅游业及光伏产业，涉及 7 个乡镇 22 个村，每户增收千元以上。

4.2.3 人文历史

阜平源起夏朝，历史悠久，是"冀晋咽喉要道""佛道古源"。近代是孕育革命的红色圣地。1925 年在阜平县成立了中共党组织，1931 年建立的北方第一个红色县政权——中华苏维埃阜平县政府。1937 年创建的晋察冀抗日根据地，毛泽东同志亲笔授予"模范抗日根据地"光荣称号。1948 年，毛泽东同志率中央机关自陕北转驻河北（首夜西下关，再住城南庄，后到西柏坡），有"华北延安、新中国雏形"等美誉，毛主席在城南庄主持召开书记处扩大会议，发布了"五一口号"。抗日战争和解放战争时期阜平一直是晋察冀边区党政军首脑机关所在地。

2012 年 12 月 30 日，中共中央总书记、中央军委主席习近平到阜平县考察扶贫开发工作，走访地处深山的龙泉关镇骆驼湾村、顾家台村看望困难农户，习近平总书记明确指出，全面建成小康社会，最艰巨、最繁重的任务在农村，没有农村的小康，特别是没有贫困地区的小康，就没有全面建成小康社会。

4.3 阜平县所辖五大区域发展概况

阜平县共有 13 个乡镇,从所属地理位置划分为五大区域,分别为东部地区(平阳镇、王林口)、中部地区(阜平镇、天生桥镇)、南部地区(城南庄、北果园)、西部地区(龙泉关、吴王口、夏庄乡)、北部地区(史家寨、砂窝乡、大台乡、台峪乡)。

4.3.1 东部地区产业发展现状及产业布局

东部地区总面积 335 平方千米,总人口 43 468 人,总耕地面积 4.93 平方千米。包括平阳镇和王林口乡,共辖 42 个行政村,117 个自然村,S382 省道横贯两乡镇,就阜平县全境来说,因其地理位置优越,交通便利,水资源相对丰富。但是东部地区所辖村域地形地貌相对复杂多样,村民居住分散,人均耕地少,农业基础设施不完善。产业未形成规模,受自然灾害影响大,市场前景差。农民小富即安,思想保守。

东部地区农业主导产业以干鲜果、养殖、加工为主,分别占各自乡镇产业总数的 71% 和 50%,其中下 * 阳、土 * 村等干鲜果产业发展品类最多,以枣、桃、核桃为主,其次为 * 快村、* 庄村等;长 * 村、* 快村等养殖业品类最多,主要有羊、牛、驴、蜜蜂,其次为山 * 头、黄 * 村;铁 * 村加工业产业发展品类最多,其次为山 * 头、葛 * 村等。

4.3.2 中部地区产业发展现状及产业布局

中部地区总面积 705 平方千米,总耕地面积 19.57 平方千米,总人口 54 600 人,包括阜平镇和天生桥两个镇,共辖 43 个行政村。阜平镇地处阜平县中心地带,是县政府所在地,也是阜平经济政治文化的中心。其紧邻县城,区位优势明显,借城镇建设之力,农村基础设施有所改善。同时,大部分村域具有较好的生态资源,部分村域具有红色旅游资源,同时还是著名的风景区。毛主席在 1948 年 4 月 10 日自晋入冀、转战平山的第一夜就入住于西下关村,同时还有刘少奇、朱德率中央工委进驻。2012 年 12 月 29—30 日习近平总书记亲临骆驼湾村调研。

中部地区农业主导产业以干鲜果、养殖、加工、旅游、种植为主,分别占各自乡镇总产业的 70% 和 65%。以发展干鲜果为主的村域有 21 个,以养殖为主的村域有 16 个,以加工为主的村域有 6 个,以旅游为主的村域有 23 个,以种植为主的村域有 12

个,以干鲜果和旅游并重的村域有8个,以干鲜果和养殖并重的村域有10个。

其中,三*会、牛*村等干鲜果产业发展品类最多,其次为东*岭、黄*底等,以大枣、杏、核桃、板栗、桃为主;葛*头、木*口养殖业品类最多,其次为三*会、西*村等,以羊、牛、猪、鸡、蜂、鱼为主;高*口、第*山加工业产业发展品类最多,其次为石*村、三*会等,以农产品加工为主;塔*村、朱*营村等旅游业品类最多,其次为北*园村、南*园村等,以农家乐、垂钓为主;北*园*村种植业品类最多,其次为塔*村、燕*村等,以冷凉型特菜菊苣为主。

4.3.3 南部地区产业发展现状及产业布局

南部地区总面积491平方千米,总耕地面积14.32平方千米,共辖48个行政村,316个自然村,共28 917人。包括城南庄镇和北果园乡两个乡镇,境内有胭脂河流过,水源条件相对丰富,在正南区域内大部分村域具有红色旅游(晋察冀边区革命纪念馆位于城南庄镇20千米处)和休闲采摘养生资源的条件,是发展旅游业相对较好的地区。但是整体来看,南部地区村域中主要经济收入依靠种养业和外出务工,农户居住分散,信息闭塞,基础设施建设与群众需求还有很大差距。特色种植业发展起步晚,资金少,规模小,分布分散,很难形成规模,农民土地收入仅仅能够解决温饱。

南部地区主导产业以干鲜果、养殖、旅游、加工、中药材为主,占各自乡镇总数的82%和67%,以干鲜果为主的村域有10个,养殖为主的村域有37个,以加工为主的有6个,以旅游为主的有30个,以中药材为主的有6个,以养殖和旅游并重的有23个。

其中,福*峪村、*岸底村等干鲜果产业发展品类最多,其次为*猴村、三*村等,以大枣、板栗、核桃、苹果为主;麻*村、井*村等畜牧水产养殖业品类最多,其次为华*村,以牛、鱼、蜜蜂、貂为主;宋*沟村旅游业品类最多,其次为麻*村,以休闲农园为主;福*峪村、大*底村加工业产业发展品类最多,其次为*猴村、华*村等,以服装加工、木材加工为主。

4.3.4 西部地区产业发展现状及产业布局

西部地区包括吴王口乡、龙泉关镇和夏庄乡三个乡镇,总面积533.2平方千米,其中耕地面积14.97平方千米,所辖72个行政村、23 172人,是冀与晋、蒙的重要通道关隘,具有连接外省的重要交通优势。其有良好的旅游资源和生态环境,但是对现状资源利用不足,以发展种植业为主,且农产品附加值低,且产业规模小,结构单一,山体经济林种植困难,无收成,村民亟待提高种植技术。

西部地区农业主导产业以干鲜果、旅游、养殖为主,占各自乡镇农业产业总量的 65%、67% 和 77%，以发展干鲜果为主的村域有 23 个，以养殖为主的村域有 15 个，发展旅游的村域有 20 个，以养殖和旅游并重的村域有 10 个，以干鲜果和旅游并重的村域有 13 个，以干鲜果和养殖并重的村域有 12 个。

其中，黑*沟村、西*庄村等干鲜果产业发展品类最多，以核桃、板栗、苹果、杏、李为主，其次为岭*村、*庄旺等；*泉关村、黑*沟村等养殖业品类最多，以低密度散养鸡、牛、羊、猪、鱼等为主，其次为银*村、南*庄等；骆*湾村、寿*寺等旅游业品类最多，以度假山庄、农家乐、采摘园为主，其次为黑*沟村、大*卜村等。

4.3.5 北部地区产业发展现状及产业布局

北部地区包括史家寨乡、大台乡、砂窝乡和台峪乡四个乡镇，总面积 795.7 平方千米，其中耕地面积 17.86 平方千米，林地面积 293 平方千米，辖 46 个行政村，297 个自然村，人口共计 40 974 人。相对阜平县全县而言，此部分位置相对偏远，尤其是大台乡和台峪乡所辖村域，地处太行山深山区，贫困状况严重。北部地区具有相对较好的环境资源，但因其交通距离的缘由，村域规模小且布局分散，村内道路较窄，且以老人和妇女人数比例占大多数，缺乏人才、资金，人均耕地面积少，水利配套设施不足。

北部地区农业主导产业以干鲜果、养殖、种植、中药材、旅游为主，分别占各自乡镇产业总量的 64%、67%、68% 和 83%，已发展干鲜果的村域有 34 个，发展养殖的村域有 30 个，发展种植的村域有 19 个，发展中药材的村域有 11 个，发展旅游的村域有 18 个，以养殖和旅游并重的村域有 12 个，以干鲜果和旅游并重的村域有 15 个，以干鲜果和养殖并重的村域有 24 个。

其中，井*沟、台*村等干鲜果产业发展品类最多，以核桃、大枣为主，其次为平*村、庄*村；台*村、井*沟等畜牧水产养殖业品类最多，以山鸡、肉驴、猪、蜜蜂为主，其次为营*村、台*村等；农作物种植中营*村、庄*村最多。草*沟村、场*村中药材产业发展品类最多。旅游业坊*村、柏*村等最多，其次为大*树村、全*村等。

4.4 阜平县主打扶贫产业发展现状及产业布局

4.4.1 林果产业格局

林果业是阜平县的重点特色产业之一，目前覆盖了阜平县 13 个乡镇的 56 个村，总面积达3万亩。其中东部区域涵盖村域最多，涉及17个村，总面积8 500亩，而单体规模最大的是南部地区，面积达7 520亩。截至目前，共完成果树栽植2.61万亩，其中：新发展晚熟桃6 910亩、苹果10 708亩。林果业发展布局相对集中，大致分为高山苹果、桃产业、大枣产业三大现代林果业聚集区域。苹果重点发展区域在西部山区；晚熟桃重点发展区域在北部，重点发展中华寿桃；大枣产业重点在阜平县南部，主要分布区域是6个乡镇32个村，涉及20万亩。除此之外，阜平县特色水果基地包括核桃、大枣、苹果、桃、樱桃、梨等，种植面积0.77万亩，带动贫农户2 000户。

4.4.2 食用菌产业格局

"十三五"期间，阜平县以市场需求为导向，强力扶持食用菌产业发展，激发和调动产业片区群众食用菌种植的积极性，提高产业的综合效益，致力于打造阜平县食用菌特色品牌，延伸阜平县食用菌的产业链。以食用菌产业片区为发展重点，形成中部地区的东下关村的食用菌产业核心区，在全县建设了8个食用菌生产片区，覆盖13个乡镇，86个村。预计到"十四五"期间，新建食用菌生产基地总规模3万亩，年生产能力达到4亿棒，年产香菇、毛木耳、黑木耳、羊肚菌等鲜菇45万吨，实现周年出菇。详见图4-3、图4-4。

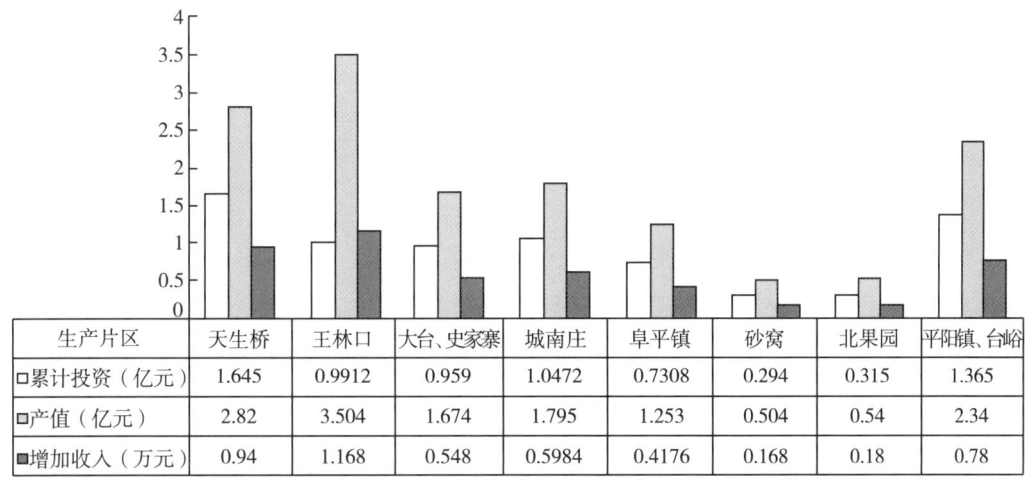

图4-3 河北省保定市阜平县八大食用菌生产片区投资产值

（资料来源：2015—2018年连续多次调研数据）

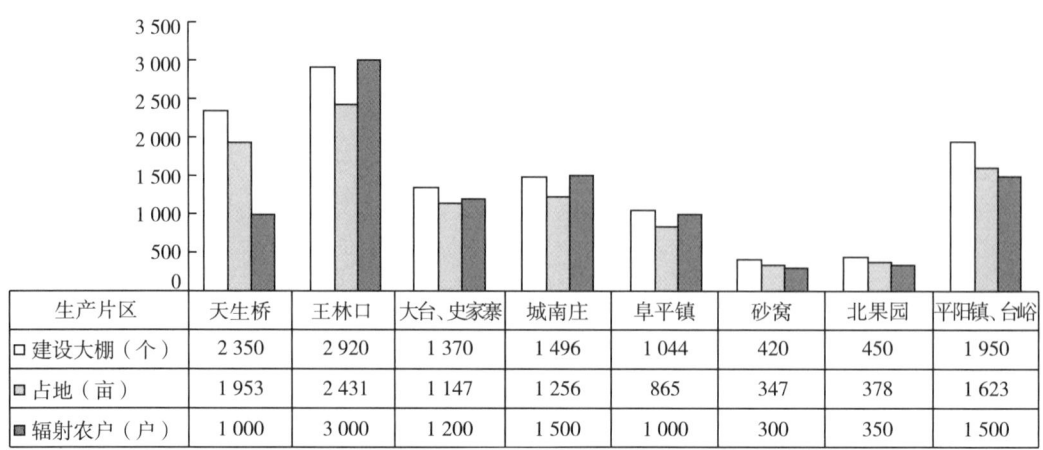

图 4-4 河北省保定市阜平县八大食用菌生产片区辐射带动农户

（资料来源：2015—2018 年连续多次调研数据）

4.4.3 中药材产业格局

阜平县全县地处太行山深山区，立体气候明显，独特的地理环境和气候条件孕育了种类繁多的道地中药材，2013 年中药材资源普查，全县有 590 多种药材，有 81 种国家重点药材，品质好，无污染。县政府出台扶持政策，对成规模种植的每亩补贴 200 元，种植规模达到 500 亩以上的，进行一次性奖补。2018 年全县完成中药材种植 6.5 万亩，带动农户 2 100 余户。全县中药材产业主要分布在西南部区域，以及东北腹地，涉及 70 村，主要品种有板蓝根、桔梗、黄芩、黄芪、瓜蒌、丹参、白芷、猪苓金银花、防风等，中药材种植面积 8.2 万亩。

4.4.4 畜牧产业格局

"十三五"期间，阜平县畜牧养殖产业着重发展肉牛、肉羊、生猪、肉驴、水貂、蜜蜂、家禽、水产等，覆盖 13 个乡镇，覆盖人口 17.2 万人。规模养殖场达到 590 多个，肉类总产达到 1.5 万吨，总产值达到 8.438 亿元，覆盖贫困人口 17.2 万人。猪、牛、羊、家禽和水产品的规模化养殖率分别达到 65%、60%、40%、95% 和 90%。猪、牛、羊的良种率分别达到 95%、85% 和 70%，动物发病死亡率降低到 2% 以下。无公害、绿色畜产品的数量不断增加，比重达到 85% 以上。畜牧水产业占农业总产值比重不断上升。重点加快建设规模化养殖场，提高畜产品综合生产能力和产业化水平，打造阜平绿色生态养殖品牌，建成太行山区重要的畜禽水产基地。

4.4.5 休闲农业产业格局

阜平县生态环境优美,是一个集自然景观、历史人文、红色革命圣地和地热温泉于一体的旅游资源大县,是国家认定的全域旅游县,在十二部委联合制定的乡村旅游扶贫工程行动方案《乡村旅游扶贫工程行动方案》中,涉及阜平县 38 村。

以此为基础,形成旅游产业扶贫的层次状结构,覆盖 13 个乡镇 101 个村 10.5 万人,其中景点集中的 9 个乡镇,围绕这些重点乡镇,以重点村域为发展节点,按照"太行明珠、山水绿城、红色圣地"的总体定位,旅游产业扶贫以红色文化为魂、以绿色产品为质、以蓝色环境为体,坚持"红+绿+蓝"三色资源协同开发,充分利用丰富多样、特色突出的旅游资源,整合资源、挖掘文化、完善背景、突出特色、打造名牌,集生态观光、文化体验、农业生产、康体健身为一体,实现一、二、三产业有机结合,带动贫困户增产增效,实现脱贫致富。逐渐形成五条观光带,分别如下。

一是山湖经济蓝色休闲养生度假带,借山水风景和佛教科文化,以养生为主题,聚集游客,拉动村民脱贫致富。主要以阜平镇苍山村、海沿村为主。

二是城东大沙河两岸绿色休闲产业带,沿大沙河建设农家乐度假区,向东向南延伸至阜平镇大小石坊村的沟域。涉及阜平镇青沿村东部、高阜口村东部、大道村北部、大石坊村、小石坊五个村。

三是城南庄生态休闲度假带,以阜平镇葛达头中心村为核心接待区,沿河建设水面,营造红色休闲旅游带。在城南庄镇西部以三官村、岔河村、麻棚村为核心建设红色旅游度假区。

四是龙泉关休闲旅游廊道,以 S382 省道为轴,以龙泉关镇龙泉关村为中心,建设规模化的购物、餐饮、住宿、接待、物流为主要功能的旅游服务,形成以林果业采摘观光、龙泉关古城旅游观光、旅游服务带组成的旅游廊道。利用古城、古代军事要地等特色旅游资源,全力打造具有浓厚历史文化氛围的古军事文化观光区。

五是天生桥景观带,包括西大道文化苑旅游农业区、古御道农业公园观光区、天(生桥)溪农家乐集群区、清水湾(下河)亲水旅游民俗休闲度假区以及老皇塔沟观光农业风景区。该区佛家、皇家、红色革命的历史文化积淀深厚,民风淳朴,旅游内涵极为丰富。

5 行政村尺度下的贫困识别

习近平总书记高度重视精准扶贫工作，多次做出了重要指示。2013 年，习近平总书记在湖南湘西考察时首次提出精准扶贫；2015 年，习近平总书记在中央扶贫开发工作会议上围绕"扶持谁""谁扶持""怎么扶"提出具体要求，要求各地遵循实际，从资源、产业、人等方面考虑和布局，由过往的粗放式扶贫向精准化扶贫转变。纵观近五年的扶贫工作领域的方向，由浅到深、由面到点、由脱贫到致富等发生了转变。面对我国全面打赢脱贫攻坚战的"最后一公里"和 2020 年我国全面建成小康社会决胜阶段，尚未脱贫和已经脱贫地区的生产生活状态依旧是我国脱贫攻坚战关注的重点。更需要精准地识别贫困对象，提高识别效率，降低偏差率和漏出率，摸清剩余贫困区域复杂多样的致贫原因，为精准实策和稳定当前的脱贫成果打下基础，才能保持并加快脱贫速率，不断增强脱贫的可持续性。

随着扶贫攻坚的不断深入，扶贫进村到户工作的全面铺开，扶贫工作的重心下沉到村域层面，行政村已成为观察特定区域贫困问题的基础单元，其在扶贫攻坚中的战略地位日益突出[149]。行政村作为国家设立的村级行政单位，起到了为国家管理乡村事务、实现农村自治的重要作用[150]，然而我国行政村地域类型复杂多样，受环境禀赋、社会发展、区域经济等因素的影响，在致贫原因上也具有多元性和复杂性，那么深入了解行政村发展现状的基础上，分析其发展水平、揭示内部差异、识别致贫原因，理清贫困程度与村域特性的关系，可以指导村域多元化发展，提高扶贫的精准性，更有利于以问题为导向的精准施策。

本研究以阜平县所辖 209 个行政村为研究单元，以行政村尺度下的贫困识别为视角，建立村域尺度的贫困识别模型，同时分别从指标层和维度层两个方面准确定位村域致贫要素，并根据村域贫困指数结果对行政村致贫原因进行差别化研判，确定村域致贫的主导要素，为同类地区实施精准脱贫提供参考和借鉴。

5.1 行政村尺度下的贫困识别模型设定

5.1.1 村级多维贫困指数

多维贫困指数是由 Alkire 和 Foster 提出。指数可以反映不同个体或家庭在不同维度上的贫困程度。其取值越小，说明该个体或家庭贫困程度就越低，相反，则越高。根据多维贫困指数理论和计算方法本书构建村级多维贫困指数（VPI），从整体微观层面来反映村域贫困状况以及贫困的深度和强度。指标涉及自然要素、地理要

素、经济要素、社会要素等各个维度要素,在测度多维贫困时更具有代表性、实用性与科学性。公式如下:

$$VPI = X \sum_{i=1}^{n} \left(\sum_{j=1}^{m} I_{ij} w_{ij} \right) w_i \quad (5-1)$$

式中:X 是常数,为研究内容构建指标的个数,用来消除小数位影响,增大数据间差异;n 代表维度个数;m 代表相同维数下的指标个数;I_{ij} 代表标准后的指标值;w_{ij} 代表指标权重;w_i 代表维度权重。

5.1.2 贫困村域致贫贡献度

从指标层面上揭示各贫困村主要致贫因素。指标的致贫贡献度能够切实反映每个贫困村的致贫因素差异,表达每个贫困村的具体致贫原因,且不受数据质量的限制。

分别用指标 j 对 VPI 的贡献度 C 和贡献度综合排名 $\bar{R}_{ij}$,来表达各指标对贫困村的影响程度,从而分析各村的主治贫困因素及其区域差异。公式如下:

$$C = \frac{X \omega_{ij} I_{ij}}{VPI} \times 100\% \quad (5-2)$$

式中:C 表示指标贡献度;X 是常数,ω_{ij} 表示第 i 维度下第 j 指标的权重;I_{ij} 表示第 i 维度下指标 j 的标准化得分。

$$\bar{R}_{ij} = \sum_{x=1}^{n} R_{xij}/n \quad (5-3)$$

式中:R_{xij} 表示贫困村 x 的第 i 维度第 j 指标贡献度在该贫困村 25 个指标贡献度中的排名;n 表示研究样本村数量。

5.1.3 村域贫困类型分析

在致贫因素上往往存在多因素共生的现象,某单一致贫因素如单独的经济因素或单独的自然因素等会造成贫困现象的发生,但通常来说,贫困的发生往往是多种因素共同作用的结果,这也反映出致贫原因的复杂性和多样性的特点。借鉴 LSE 模型,寻找样本实际分布与理论模型之间的最小方差,从而判断样本最接近的分布类型。公式如下:

$$S^2 = \frac{1}{n} \sum_{i=1}^{n} (x_i - y_i)^2 \quad (5-4)$$

式中:x_i 代表致贫贡献度由大到小排列后的第 i 位的维度贡献度;y_i 代表理论模型维度贡献度由大到小排列后的第 i 位的维度贡献度。

根据 Weave 所定标准定义理论模型,推广到贫困村贫困类型划分的领域,在计算每个贫困村各维度对于 VPI 的实际贡献度的基础上，分别计算排序后实际维度贡献度与每个理论模型维度贡献度的方差，再确定与实际维度贡献度相差最小的理论模型。

5.2 数据标准化及权重确定

5.2.1 变量定义

综合考虑扶贫瞄准机制与政策设计，结合前人研究成果和阜平县村域所面临的现实问题，揭示贫困陷阱的分布状况，判断行政村扶贫面临何种类型的贫困陷阱，按照科学性、系统性、区域性和可比较的原则筛选关键指标，构建了阜平县行政村级别贫困陷阱测度的 5 大维度和 25 个具体指标（表 5-1），维度包括资源供给度、区位价值度、致富起步基础度、人力创业能力度和社会保障度，以期望提升阜平县村域层面贫困识别的准确度。

表 5-1 描述性统计

维度	指标	单位	最小值	最大值	平均数	标准偏差
资源供给度	海拔高度	米	200	1 200	537.47	296.29
	15°以上坡度面积	平方米	0	307 000	18 373.62	45 960.78
	年地质灾害次数	次/年	0	4	0.93	0.76
	保护区或缓冲区比例	%	0	0.65	0.28	0.14
	人均耕地面积	亩	0.1	1.07	0.54	0.21
	作物总播种面积	亩	18	1 900	628.66	329.63
区位价值度	到最近集市的距离	千米	0	20	5.62	3.25
	到县城的距离	千米	0	40	9.08	7.87
	到学校的距离	千米	0	30	3.37	6.27
致富起步基础度	小型加工企业数	个	0	5	0.76	1.10
	家庭水冲式卫生厕所户数占总户数比例	%	1.19	85.2	16.13	13.15
	家庭能源为燃气户数占总户数比例	%	2.39	88.39	45.38	17.22
	人均收入	万元	0.29	3.15	0.92	0.49
	砖木结构住房户数占总户数比例	%	10.26	98.23	42.99	21.41
	户均拥有汽车数	辆	6.26	35.6	15.15	6.73

(续表)

维度	指标	单位	最小值	最大值	平均数	标准偏差
人力创业能力度	外出劳动力比例	%	13.83	70.99	33.21	7.08
	青壮年文盲率	%	0	13.22	3.41	2.68
	劳动力数量比例	%	22.27	78.95	49.48	8.64
	初中以上占人口比重	%	3.65	18.64	10.88	6.24
	至少掌握一门致富技术的农户数	户	5	550	73.48	82.64
	老年人口数量比例	%	8.49	39.2	16.48	4.07
社会保障度	每千人拥有医生比例	%	0.71	1.59	0.89	0.15
	危房改造比例或易地搬迁比例	%	10.25	85.47	54.20	22.67
	养老保险参保率	%	75.89	100	87.75	5.28
	妇女参加村及公共事务的数量	人	0	20	7.48	4.76

资料来源：调研数据、遥感影像数据以及 2013—2017 年《阜平县统计年鉴》等。

5.2.1.1 资源供给度

分析各个资源对财富积累的关系，成为资源供给度。许多学者对自然环境与经济可持续发展进行了探讨。段塔丽认为资源环境约束对贫困农户家庭生计发展的影响，不仅体现在农户生计发展的内部要素方面，同时还包括生计发展所必需的外部条件[151]。多数贫困村自然环境条件复杂恶劣，资源匮乏，生态环境一般较差。阜平县地处太行山山区，根据实际情况，自然环境维度选取海拔高度、15°以上坡度面积、年地质灾害次数、保护区或缓冲区比例、人均耕地面积、作物总播种面积 6 个指标。

5.2.1.2 区位价值度

地理区位是衡量成本消耗、产区价格（与运输有关的）、人才和技术交流成本。李林山等对区位与区域均衡发展关系进行了研究[152]，陈莉等运用区位偏远度衡量地理区位的影响度[153]，朱方明等认为贫困程度与中心市场偏离度相关[154]。由于贫困地区所处的地理环境决定其本身存在具有明显的劣势和不足。本书选取到最近集市的距离、到县城的距离、到学校的距离作为评价指标。

5.2.1.3 致富起步基础度

现实的富裕程度是一种历史的积累,也是脱贫的起始条件。条件好,致贫率低,致富的机遇高。管睿等认为贫困地区大多以第一产业为主,二、三产业相对薄弱,家庭收入来源存在不稳定性、单一性等特点[155]。本书经济条件维度主要从家庭经济收入和消费能力两方面予以考虑。家庭收入包括工资收入、经营收入、土地使用权转让等收入,本书用村域小型加工企业数量反映经济来源及收入,用人均收入表示整体情况,用家庭水冲式卫生厕所户数占总户数比例、用家庭能源为燃气户数占总户数比例、住房结构为砖木结构户数占总户数比例、村域拥有汽车数4个指标代表家庭消费状况。

5.2.1.4 人力创业能力度

人才、人力体现在创业劳动能力上。能力低,致贫;能力高,致富机会多。一方面,相对发达区域二、三产业的高收入吸引贫困地区青壮年劳动力的流出,从而导致本地区劳动力数量的巨大缺口,另一方面,贫困地区人员普遍受教育程度较低,其文化水平和学习能力水平不足以从事新的产业生产活动。人力资源维度从数量和质量两方面予以考虑,数量指标选取用外出劳动力比例、劳动力数量比例、老年人口比例,质量指标选取青壮年文盲率、初中以上占人口比重,至少掌握一门致富技术的农户数。

5.2.1.5 社会保障度

贫困地区的政府财力普遍不足,在公共事业中的资金支出不能满足当地居民对教育资源、医疗卫生、社会保障等公共服务需求。漆敏认为很多农户不注重对教育、医疗的重视,因教育、大病等返贫目前矛盾依然突出[156],蒋南平等认为被较为广泛采用的维度有收入、健康、教育、医疗、生活质量等[157]。卜海认为要将灾、学、病等因素考虑在内[158],本书选取每千人拥有医生数来衡量村级社会发展的医疗卫生情况、危房改造比例或易地搬迁来衡量社会发展的住房情况、养老保险参保率来衡量村级社会发展的社保情况、妇女参加村及公共事务的数量来衡量村级社会发展水平,妇女工作的社会化是社会文明的表现,而村域妇女社会化的一个表现特征是妇女参与村级事务的意愿和能力。

5.2.2 数据来源

本书指标数据主要为阜平县全县209个村的遥感影像数据、土地利用数据、环境资源数据、地质灾害数据、社会经济数据、产业发展数据以及贫困数据。统计资料包括 2013—2017 年《阜平县统计年鉴》，以及阜平县统计局、农业局、扶贫办等提供的相关资料。调研数据包括阜平县所辖 209 个行政村基本现状、贫困现状与产业扶贫情况的实地调查获取，分别发放 209 份村域情况调查表和产业发展情况调查表，回收率和有效率为 100%；同时在每个行政村建立档立卡户中进行贫困户抽查，并发放贫困户家庭情况、产业发展、收入状况调查表共计 4 180 份，回收 4 180 份，有效问卷 4 130 份，有效率为 98.8%；其中资源供给度数据由调研数据、历年统计数据及地理信息数据整理而来；区位价值度中，测量到最近集市的距离，主要采用行政村几何中心到集市的最短欧氏距离、到学校和县城的距离采用方法同上；致富起步基础度、人力创业能力度和社会保障度数据主要来源于入户调查问卷和统计年鉴。

5.2.3 数据的标准化

本书采用正负向指标进行数据标准化，正（负）向指标指数值越大（小）表明产业开发能力越好，设 P_{ij} 为第 j 行业第 i 指标标准化，V_{ij} 为第 j 行业第 i 指标值，n 为行业的个数，正负向指标公式：

$$P_{ij} = \frac{V_{ij} - \min\limits_{1 \leqslant j \leqslant n}(V_{ij})}{\max\limits_{1 \leqslant j \leqslant n}(V_{ij}) - \min\limits_{1 \leqslant j \leqslant n}(V_{ij})} \tag{5-5}$$

$$P_{ij} = \frac{\max\limits_{1 \leqslant j \leqslant n}(V_{ij}) - V_{ij}}{\max\limits_{1 \leqslant j \leqslant n}(V_{ij}) - \min\limits_{1 \leqslant j \leqslant n}(V_{ij})} \tag{5-6}$$

式中，V_{ij} 与最小值的偏差（最大值与 V_{ij} 的偏差）相对于最大值与最小值偏差的相对距离式，说明指标值距离最大值越近（远），标准化后的值越大。

5.2.4 指标权重的确定

采用 CRITIC 法（Criteria Importance Through Intercriteria Correlation）确定指标权重。在兼顾指标之间相关性的同时根据客观性的特点。计算公式如下：

$$w_{dj} = \frac{I_{dj}}{\sum\limits_{j=1}^{n} I_{dj}} = \frac{\sqrt{\dfrac{\sum\limits_{i=1}^{m}(X_{idj} - \bar{X}_{dj})^2}{m-1}} \times \sum\limits_{k=1}^{n}(1 - |r_{djk}|)}{\sum\limits_{j=1}^{n}\left[\sqrt{\dfrac{\sum\limits_{i=1}^{m}(X_{idj} - \bar{X}_{dj})^2}{m-1}} \times \sum\limits_{k=1}^{n}(1 - |r_{djk}|)\right]} \tag{5-7}$$

式中，X_{idj} 为第 i 个行政村的第 d 维度的第 j 项指标观测值无量纲化后的指标值，$i \in \{1, 2, \cdots, m\}$，$d \in \{1, 2, 3, 4, 5\}$，$j \in \{1, 2, \cdots, n\}$，$\bar{X}_{dj}$ 是所有行政村第 d 维度的第 j 项指标的平均值，r_{djk} 为第 d 维度的第 j 项指标与该维度第 k 项指标的相关系数的绝对值。最终计算结果如表 5-2 所示。

表 5-2 村域产业扶贫的空间贫困陷阱测度指标体系与权重分配

维度	维度权重	指标	序号	预期方向	指标权重
资源供给度	0.219 8	海拔高度	A1	−	0.090 9
		15°以上坡度面积	A2	−	0.128 5
		年地质灾害次数	A3	−	0.105 5
		保护区或缓冲区比例	A4	+	0.123 5
		人均耕地面积	A5	+	0.330 5
		作物总播种面积	A6	+	0.221 1
区位价值度	0.131 1	到最近集市的距离	A7	−	0.345 5
		到县城的距离	A8	−	0.151 8
		到学校的距离	A9	−	0.502 6
致富起步基础度	0.282 8	小型加工企业数	A10	+	0.197 4
		家庭水冲式卫生厕所户数占总户数比例	A11	+	0.087 1
		家庭能源为燃气户数占总户数比例	A12	+	0.095 1
		人均收入	A13	+	0.319 6
		砖木结构住房户数占总户数比例	A14	+	0.093 2
		户均拥有汽车数	A15	+	0.207 6
人力创业能力度	0.233	外出劳动力比例	A16	+	0.109 4
		青壮年文盲率	A17	−	0.017 8
		劳动力数量比例	A18	+	0.150 6
		初中以上占人口比重	A19	+	0.291 8
		至少掌握一门致富技术的农户数	A20	+	0.241 5
		老年人口数量比例	A21	−	0.188 9
社会保障度	0.133 3	每千人拥有医生比例	A22	+	0.206 6
		危房改造比例或易地搬迁比例	A23	+	0.295 6
		养老保险参保率	A24	+	0.255 2
		妇女参加村及公共事务的数量	A25	+	0.242 6

资料来源：调研数据、遥感影像数据以及 2013—2017 年《阜平县统计年鉴》等。

5.3 结果分析

5.3.1 村域贫困程度及致贫贡献度的分析

利用村级多维贫困度量模型对阜平县所辖209个村贫困程度差异分析，得出阜平县全县村域贫困分布在[2, 4]的"一般"到"深度"之间，主要表现相对富裕和极端贫困较少，以中度贫困为主，其中[2.5, 3]的中度程度的贫困最多，有95个村，占比45.45%。由此看出，虽然摆脱了深度贫困县的帽子，且全县实现了摆脱极端贫困的目标，但是相对周边乃至全国范围内的富裕村并未产生，超过1/3的村庄仍处于中度紧张状态，极易出现返贫现象。详见图5-1。

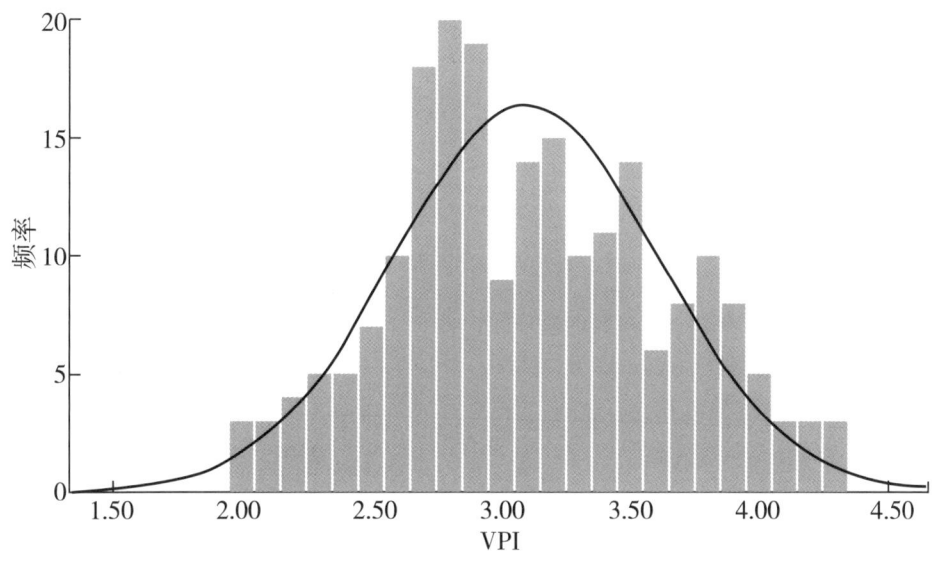

图5-1 村级多维贫困程度分布

5.3.2 致贫贡献度分析

根据前文贫困村致贫贡献度公式得出，各指标层面上贫困村的致贫贡献度依次为：人均收入、初中以上占人口比例、至少掌握一门致富技术的农户数、作物总播种面积、户均拥有汽车数、人均耕地面积、危房改造比例或易地搬迁、小型加工企业数、劳动力数量比例、地质灾害危险程度……（表5-3）。从指标致贫贡献度可以看出造成贫困村贫困的主要要素依次是收入状况、劳动力结构及文化素质、所拥有的耕地面积及土地状况、所处区位及交通状况、集体搬迁和自然灾害等因素。

表 5-3 指标层面上致贫因素统计

序号	指标	C值	C值占比（%）	排名
A13	人均收入	33.27	19.47	1
A19	初中以上占人口比重	18.48	10.81	2
A20	至少掌握一门致富技术的农户数	15.06	8.81	3
A6	作物总播种面积	13.80	8.07	4
A15	户均拥有汽车数	11.91	6.97	5
A5	人均耕地面积	8.43	4.93	6
A23	危房改造比例或易地搬迁	7.66	4.48	7
A10	小型加工企业数	7.44	4.35	8
A18	劳动力数量比例	7.21	4.22	9
A3	地质灾害危险次数	6.74	3.94	10
A25	妇女参加村及公共事务的数量	6.28	3.67	11
A4	自然保护区或者缓冲区	5.80	3.40	12
A17	青壮年文盲率	5.41	3.16	13
A16	外出劳动力比例	5.16	3.02	14
A21	老年人口数量比例	4.70	2.75	15
A7	到最近集市的距离	3.16	1.85	16
A14	住房机构为砖木结构户数占总户数比例	3.13	1.83	17
A9	到学校的距离	2.71	1.59	18
A2	15°以上坡度面积	1.52	0.89	19
A24	养老保险参保率	1.01	0.59	20
A8	到县城的距离	0.86	0.50	21
A1	海拔	0.54	0.32	22
A22	每千人拥有医生数	0.32	0.19	23
A11	家庭水冲式卫生厕所户数占总户数比例	0.28	0.16	24
A12	家庭能源为燃气户数占总户数比例	0.03	0.02	25
总计			100.00	

5.3.2.1 资源供给度

自然资源与经济发展之间是促进还是阻碍，传统的经济学理论肯定了其促进作用，然而随着经济理论的发展，出现了丰裕的自然资源阻碍经济发展的"资源诅咒"，摒弃了自然资源与经济增长之间单一的线性关系论述，转移到产生"资源诅咒"的传导因素，如对耕地资源的影响等。自然指标对于阜平县贫困贡献度占比高达28.97%，主要是其所处的全山区县的地貌类型，地质灾害较平原地区多发，如泥石流、洪涝、冰雹灾害，三者占比高达67.3%，同时阜平县素有"九山半水半分田"之称，人均耕地不足一亩，土壤类别多为亚高山草甸土、棕壤、褐土三大类，耕地多为黄壤下附着砂石，不易存储水分，有机质含量低，土层薄质地相对薄弱。同时受地势、地貌和人为活动的影响，普遍存在土层薄，梯田形小地块较多。

5.3.2.2 区位价值度

虽然地理区位的三个指标并未出现在村域致贫重要因素的前列，但其重要程度也是不能忽视的，首先由于阜平县具有较强的地缘亲和力，地处京、石、保200千米经济圈，交通相对便利，对把高品质农产品打入北京、天津市场具有便利的地理优势；其次阜平县作为革命老区，在社会上影响较大，近年来，得到习近平总书记及各级各部门领导频频视察，这些都突出其地缘上的优势，为脱贫奠定地缘基础，另外阜平县位于保定西部，与山西接壤，两省四市九县交汇处，是"冀晋咽喉""畿西屏障"，地理位置较为特殊，更应该予以考虑。随着"村村通"工程的开展，各自然村之间通路、通电，道路连通村域内外，将外界的信息与资源传送进村内，也将村内的产品运送到外界，助力村域产业的发展，而随着户均拥有交通工具数量的上升，距离和交通不再是导致贫困的首要因素。

5.3.2.3 致富起步基础度

衡量经济指标，最简单易行的是以家庭货币存量的多少来衡量家庭贫困程度，以总量计数低于国家贫困线标准的为货币总量衡量下的贫困人口。货币总量是工资性收入、家庭经营性收入、财产性收入和转移性收入的总和，也就是说在家庭遇到风险时，可用于变现的所有财产的总和。由于收入受阻而导致的贫困的现象，这部分汇集了大量学者的研究成果[159-162]。笔者对阜平县多个村域的走访调研了解到，家庭中拥有除种植之外的可持续发展的副业如常年外地务工或村内小型加工点中99%为相对富裕户，那么贫困户的贫困问题就很有可能是缺乏持续性增收的副业或者主业的不可预测性等问题的存在，或缺少办加工点的技术、资金、人才，或家中无能够务工的劳动力。

5.3.2.4 人力创业能力度

劳动力的数量和质量是构成劳动力资源的重要指标之一，劳动力资源的优劣取决于劳动力人口的质量,即体质和智能的个体因素如年龄、性别、教育水平和意愿、身体状况等对劳动力顺利参与农事活动至关重要,劳动力个体特征的差别决定了能否获得特定的农事活动。首先年龄适宜且有一定受教育经历和技术的男性劳动力从事农事劳动要突出于相同阶段的妇女和老人。据统计阜平县现有劳动力数量占总人口比例为46.24%、外出劳动力占总劳动力数量的比例高达73.3%,这说明劳动力外流量超出劳动力总量的3/4,占总人口的1/3。老年人数量占总人口数量的45.8%,初中以上文化程度从业人员占比8.16%,老人总量占比较高,妇女参加农务的人数占比91.99%,农村妇女在村内务农上占据主导地位,劳动力受教育程度普遍偏低。适龄劳动力多外出务工,年老体弱者多为村内留守从事务农。

5.3.2.5 社会保障度

对于危房改造或易地搬迁指标来说,将贫困人群从恶劣环境中搬出,安置在自然和基础设施条件相对较好的地方,改变现在的居住环境,为脱贫致富创造条件,搬迁后农民对移民成本[163]、生活方式的适应性以及生计资本的提高[164],可能会造成5年以内的短期贫困,随后因为生产生活方式的变化使得生活水平逐渐提高。阜平县自然村的分布普遍比较分散,分散程度从0.045~1不等,同时分散的自然村导致了交通成本和生活成本的上升,以及人情沟通成本的上升。详见图5-2、图5-3、图5-4、图5-5、图5-6。

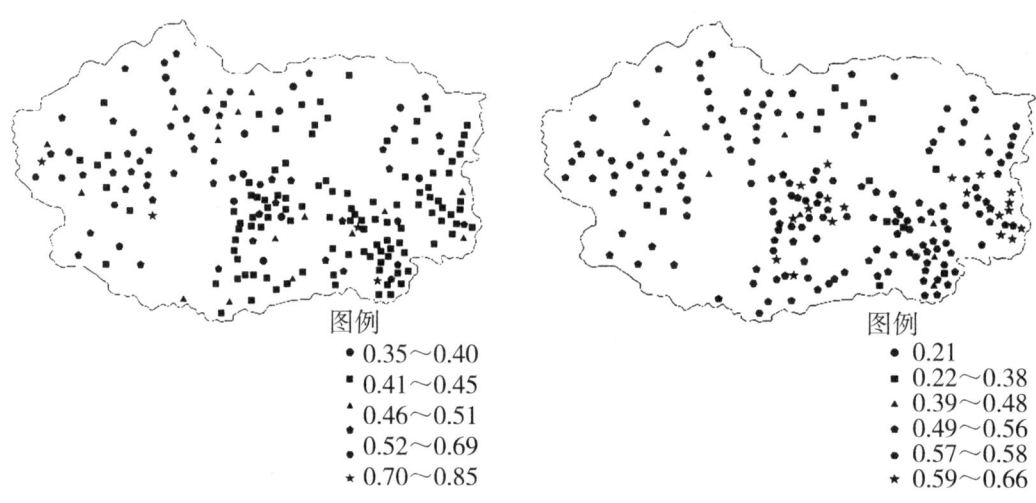

图5-2 村域自然指标

图例
- 0.35~0.40
- 0.41~0.45
- 0.46~0.51
- 0.52~0.69
- 0.70~0.85

图5-3 村域地理区位

图例
- 0.21
- 0.22~0.38
- 0.39~0.48
- 0.49~0.56
- 0.57~0.58
- 0.59~0.66

注:由于村一级区域无法准确划定,用点来代替面表示村一级(图5-2,图5-3,图5-4,图5-5,图5-6,图5-7,图5-8,图5-9,图5-10趋同)。

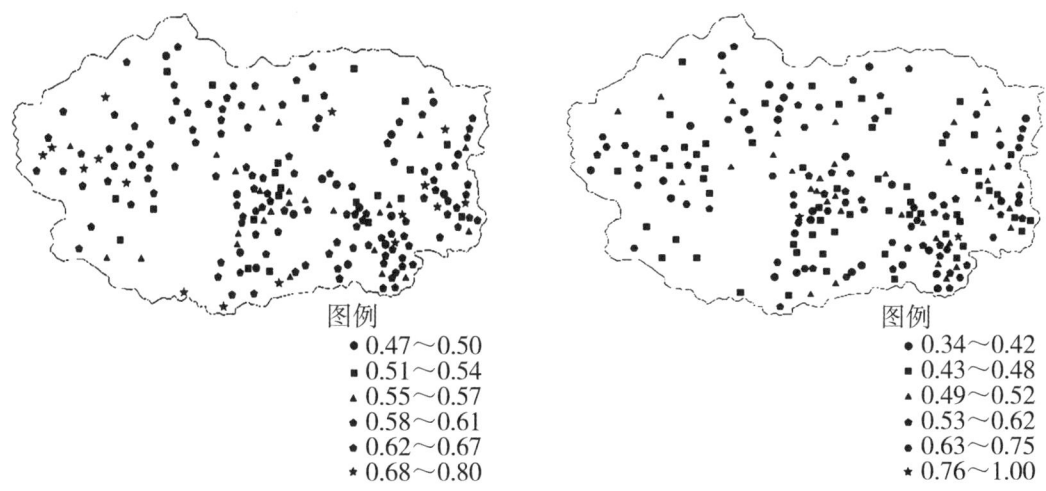

图 5-4 村域经济条件情况　　　　图 5-5 村域人资指标情况

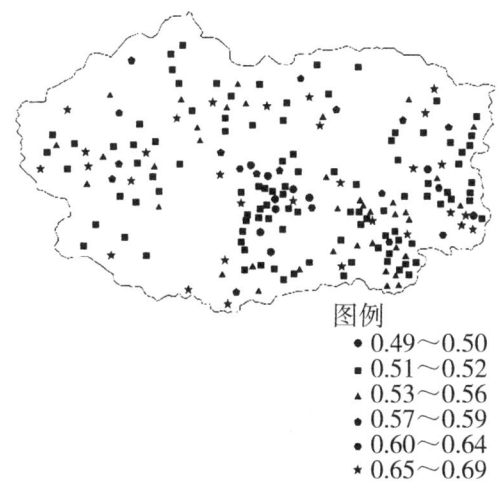

图 5-6 村域社会发展指标

由上文分析可知困扰阜平县村域发展的重要因素，量化每个因素所造成的贫困程度及深度的具体数值，得到指标层面的主要致贫因子，但是这并不能落实到具体村域的致贫因素上，以及致贫因素对该村域影响程度大小的问题解答，因此需要将致贫贡献度与具体村域相结合，测算在具体层面上各个指标的贡献度因子。在对致贫贡献度等级划分的基础上，进行公平性检测，随后测算乡镇在指标层面的占比和村域相对占比率获得各个村域在指标层面上的致贫贡献度因子。

（1）所辖乡镇致贫贡献度指标分析

由表 5-3 可知，在指标层 A13（收入状况）中 RPV（相对占比）中最高的是天**镇，其次为王**乡和夏*乡，这3个乡镇均处于阜平县县城中心外环区域，通常认为县城的带动效益理应催生劳动力转移，吸纳部分劳动力从而增加收入，但是数据分析结果却恰恰相反，宏观距离较近的乡镇受收入影响最大。这有可能是因为处于县城边缘[165]，生活成本相应上升，假如收入渠道不畅则会导致收入因素的贫困现象发生[166]。在A19（劳动力质量）中RPV中最高的是大*乡，其次为夏*乡，这两个乡镇处于东北部深山区，地势起伏较大，沟壑纵横，交通不便，这说明相对封闭的地理环境使该地区的人口缺乏与外界的交流，形成了相对保守落后的思想观念，偏远的区位条件限制了基础设施、基本教育的跟进发展，这些原因导致了该地区贫困人口结构不均衡，劳动力文化素质偏低。在A20（耕地质量）中RPV中最高的是台*乡，其次为天**镇，阜平县为全山区县，部分地域山高林茂且山体多为石山，土壤表层十分稀薄，只有小部分土壤适宜耕种，地块零散且面积较小，大部分分布在河沟两侧滩地或者村庄周围，不适合大型机械作业，耕地多为黄壤与砂石的结合物，不易存储水分，缺少旱涝保障能力。这些因素的存在直接制约农事生产活动，减少农产品产量，进而对农民收入造成一定影响。在A6（交通及区位）中RPV中最高的是夏*乡和大*乡，其次为台*乡和北**乡，受户均拥有汽车数量影响较大的乡镇主要有大*乡和北**乡。户拥有的汽车数量归因于家庭所拥有的固定财产，固定财产的多寡和种类是衡量家庭收入与消费的主要指标之一，但是汽车作为交通工具的一种，起到运输生产生活物质资料、上联下通与外界互动的作用，户拥有的汽车数量反映经济状况的同时，与地貌高差、路况等息息相关。详见表5-4。

表5-4 指标层面阜平县所辖13个乡镇致贫因素统计

乡镇	A13	Pro（%）	RPV（%）	A19	Pro（%）	RPV（%）	A20	Pro（%）	RPV（%）	A6	Pro（%）	RPV（%）	A15	Pro（%）	RPV（%）
阜*镇	5.32	15.99	0.53	2.69	14.6	0.49	2.15	14.3	0.48	2.12	15.33	0.51	1.83	15.37	0.51
平*镇	3.48	10.46	0.48	1.92	10.41	0.47	1.62	10.77	0.49	1.41	10.23	0.47	1.31	10.96	0.50
城**镇	2.92	8.76	0.42	1.62	8.75	0.42	1.28	8.48	0.40	1.20	8.72	0.42	1.06	8.89	0.42
龙**镇	0.64	1.91	0.16	1.12	6.11	0.51	0.72	4.77	0.40	0.89	6.42	0.54	0.49	4.10	0.34
天**镇	2.51	7.57	0.58	1.07	5.79	0.45	1.08	7.19	0.55	0.88	6.41	0.49	0.79	6.69	0.51
王**乡	3.82	11.47	0.57	1.72	9.33	0.47	1.57	10.41	0.50	1.19	8.69	0.43	1.19	10.04	0.50
北**乡	3.99	12.02	0.45	2.40	12.99	0.48	1.99	13.18	0.49	2.03	14.72	0.55	1.73	14.51	0.54
台*乡	1.09	3.30	0.47	0.67	3.60	0.51	0.61	4.07	0.58	0.55	3.99	0.57	0.41	3.46	0.49
史**乡	2.43	7.32	0.52	1.28	6.94	0.50	1.11	7.39	0.53	0.59	4.33	0.31	0.80	6.74	0.48

(续表)

乡镇	A13	Pro(%)	RPV(%)	A19	Pro(%)	RPV(%)	A20	Pro(%)	RPV(%)	A6	Pro(%)	RPV(%)	A15	Pro(%)	RPV(%)
吴**乡	1.91	5.72	0.44	1.11	6.03	0.46	0.87	5.76	0.44	0.76	5.48	0.42	0.64	5.39	0.41
大*乡	1.48	4.44	0.49	0.95	5.12	0.57	0.56	3.71	0.41	0.76	5.49	0.61	0.64	5.40	0.60
夏*乡	0.96	2.87	0.57	0.49	2.70	0.54	0.39	2.56	0.51	0.40	2.92	0.58	0.29	2.48	0.50
沙*乡	2.72	8.16	0.54	1.41	7.63	0.51	1.11	7.40	0.49	1.01	7.27	0.48	0.71	5.97	0.40

（2）村域致贫贡献度分析——以典型村为例

受人均收入影响较大的是天**镇的朱**村。在A13指标层上的致贫贡献度为11.28%，高于天**镇的其他12个村域，且每户对致贫贡献度的理论值为0.46%。朱**村辖8个自然村，贫困人口比例24.94%，耕地面积占总面积2.22%。朱**村现阶段并无特色种植产业，村内无加工企业、无合作社，且产业转型投资强度大。缺少龙头企业、致富带头人和市场运作的经验，对资源现状和开发潜力认识不足，开发不力，更缺乏品牌意识，产品附加值低。村内居民老人数量占比40.7%，高于周边村域，不能适应产业融合发展的需要。以从事第一产业为主的农户数量占32.5%，产业发展基础条件差，滞后于县域总体建设，缺乏新产业发展的条件，对产业结构、种植结构、技术体系转型升级的认识不足。

受劳动力素质影响较大的台*乡的*里村。在A20指标层上的致贫贡献度为8.8%，高于台*乡的其他6个村域，且每户对致贫贡献度的理论值为0.12%。*里村位于阜平县城东北部深山区，全村86户，贫困户占比61.6%，是典型的深山小村。耕地面积占总面积17.3%，村庄规模小，农业基础设施不完善，村内仅有一条入村道路，且道路较窄，不能满足发展三产联动发展的路网需要。*里村现有主导产业为香菇种植，但从设施栽培、菌种繁育、出菇管理等方面均保留传统的种植方式，且青壮年劳动力外流现象突出，做大做强香菇产业需要有知识、懂技术、会管理的新型职业农民，但是该村具有初中以上学历、懂相关技术且务农的农民数量占比仅12%，劳动力的缺乏是制约*里村产业发展的瓶颈。

受耕地面积影响较大的夏*乡的面*村。在A6指标层上的致贫贡献度为12.34%，高于夏*乡的其他4个村域，且每户对致贫贡献度的理论值为0.73%。面*村属太行山山系，海拔400~1 050米，地质属太古界五台山群，地质岩性以片麻岩为主，另有浅粒岩、大理岩等土质结构，村域沟谷纵横，沟谷内分布的梯田和河道两岸零散的耕地是村内主要种植区域。全村167户，贫困户占比95.8%，总面积1.6万亩,其中荒山占地面积约62.5%,耕地面积仅占3.5%,具有灌溉条件、墒情较好的耕地不足200亩,人均不足八分地,地块零散分布且贫瘠,不适合大型机械作业,缺少旱涝保障能力。面*村属于自然保护区或者缓冲区,大部分山场不能开发利用,这就为本受耕地面积少而困惑的村域增添了土地开发的瓶颈。

受户均拥有汽车数量影响较大的大*乡的*连*村。在A15指标层上的致贫贡献度为10.55%,高于大*乡的其他8个村域,且每户对致贫贡献度的理论值为0.23%。*连*村地处阜平县东北深山区,村庄规模小且布局分散,村内田间道路宽度较窄,道路不成体系,交通不便,且从村到地的路况差,交通制约发展,*连*村以种植香菇为主导产业,道路高差复杂多变,为产业运输增加了困难。详见表5-5。

表5-5 指标层面村域致贫因素统计

等级	TW	Vi	A13 C值	TW	Vi	A20 C值	TW	Vi	A6 C值	TW	Vi	A15 C值
1		朱**村	0.1128		*里村	0.088		面*村	0.1234		*连*村	0.1055
2		西下*村	0.1059		*石*村	0.084		菜*村	0.1151		**渠村	0.0924
3	天**镇	红**村	0.0984	台*乡	台*村	0.083	夏*乡	二*庄村	0.1044	大*乡	柏*村	0.0776
4		龙*村	0.0927		吴**村	0.075		夏*村	0.0921		*台村	0.0774
5		燕*村	0.0903		平*村	0.062		羊*村	0.0636		*台村	0.0696

5.3.3 贫困村贫困类型

上文从指标层面分析了具体乡镇及村域的致贫贡献度,衡量了各个指标所造成的贫困程度及深度,但这不能解决贫困类型的具体内涵,不能回答是否存在相同贫困类型的贫困村由于致贫维度的差异而内生出不同的子类,那么有必要在五大维度(资源供给度、区位价值度、致富起步基础度、人力创业能力度和社会保障度)的基础之上分析每种贫困类型及其子类的内生特征。

根据LSE模型计算得到阜平县所辖209个贫困村在各维度层面的贫困类型,并对贫困类型中每个维度所造成的影响进行分析。阜平县所辖209个贫困村的贫困因素可以分为四类:双因素驱动型、三因素支配型、四因素协同型、五因素综合型。无单因素致贫的村域,这说明单独因素不足以造成贫困现象,而贫困的发生往往是由多个因素共同作用的结果,如果在扶贫过程中只注重单项式扶贫,那么可能会收效甚微。详见图 5-7。

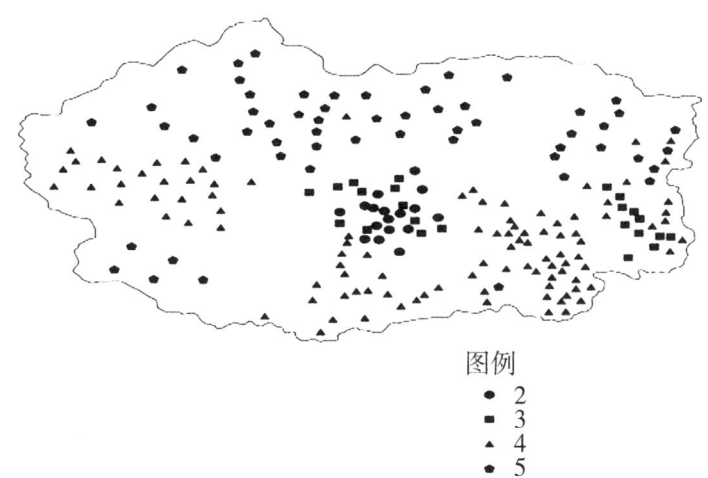

图 5-7 村域致贫类型

由表 5-6 可知，从阜平县全县域来看，整体呈现多因素致贫，按照贫困村比例由大到小排序为四因素＞五因素＞三因素＞双因素。在维度指标上的致贫要素中，以四因素主导型为主，占比高达 50.24%，五因素综合型占比 29.67%，三因素支配型占比 11.96%、双因素驱动型占比 8.14%。双因素驱动的贫困类型中以 ES 型为主，占双因素驱动要素的比值为 52.94%；三因素支配型以 GES 型为主，占三因素支配要素的比值为 52%；四因素主导型以 GEMS 型为主，占四因素主导要素的比值为 32.54%。这说明阜平县整体村域受区位价值度、致富起步基础度、人力创业能力度和社会保障度共同制约的影响要素大于其他类型，那么在精准扶贫过程中，应该更多关注村域的地理位置，自然村落的分布，以及如何提升可持续性的经济收入来源，如何加强培训培养高素质农民以及发展基础设施建设是摆在精准扶贫的首要位置，相对而言自然环境要素在此次数理统计中占比不大，受五因素致贫的概率仅为 29.66%，在各类要素的统计中，自然要素的致贫能力较低，这说明自然环境是造成贫困的原因之一，但不是重要因素，自然资源与经济增长之间不是简单且单一的线性关系。

表 5-6 维度层面致贫贡献率及贫困类型统计 （%）

贫困类型	占贫困村比例	占本类型比例	N_{pop}	G_{pop}	E_{pop}	M_{pop}	S_{pop}
双因素驱动型-ES	4.31	52.94	8.91	9.16	57.67	12.69	63.01
双因素驱动型-GS	3.83	47.06	4.83	56.06	4.71	17.52	53.60

(续表)

贫困类型	占贫困村比例	占本类型比例	N_{pop}	G_{pop}	E_{pop}	M_{pop}	S_{pop}
三因素支配型-GES	6.22	52.00	27.41	57.88	65.36	26.03	56.51
三因素支配型-EMS	3.35	28.00	28.15	11.31	62.40	66.20	61.60
三因素支配型-NGE	2.39	20.00	63.83	55.61	10.52	20.64	54.72
四因素主导型-GEMS	32.54	64.76	12.50	56.80	61.06	56.97	27.28
四因素主导型-NGES	11.48	21.90	53.84	55.75	61.73	21.49	56.46
四因素主导型-NEMS	6.22	13.33	50.50	25.40	61.00	52.21	54.17
五因素综合型	29.67	29.67	45.92	48.25	50.09	43.61	48.93

注：N 表示自然因素；G 表示地理因素；E 表示经济因素；M 表示人力资源要素；S 表示社会因素。

（1）双因素驱动型

双因素驱动型的贫困因素划分为两类：ES 型和 GS 型。ES 型是致富起步基础度与社会保障度共同驱动的贫困类型，包括阜*镇、平*镇、城**镇、龙**镇、吴**乡、王**乡六个乡镇 9 个村域；GS 型是区位价值度和社会保障度共同驱动类型，包括阜*镇、龙**镇、王**乡和、沙*乡四个乡镇 8 个村域（村域分布见图 5-8）。

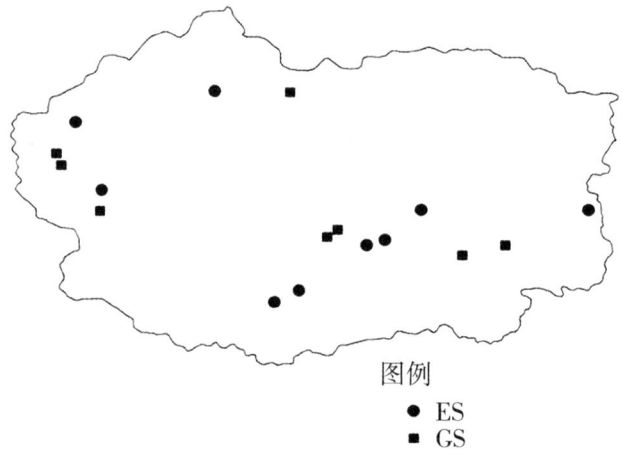

图 5-8 双因素驱动型所涉及村域分布

这 17 个村域中贫困人口所占比例为 44.38%，有劳动能力贫困人口占贫困人口的 47.31%，产业扶贫项目贫困户覆盖 95.61%，平均每村拥有的小型加工作坊 0.8 个，特色产业 0.4 个，合作社 0.7 个。这些村域中有半数以上具有发展红色或休闲、养生旅游基础，但是由于对现有资源利用不足，缺乏品牌意识，产品附加值低，不能根据市场的供需及时调整，旅游产业处于尚未发育阶段，同时经过近几年的发展，农村基础设施有所改善，但依然处于薄弱环节。农村经济依然很落后，产业收入以种植业为主，产业规模小，结构单一，农产品附加值低，品种落后，管理水平不高，易受自然灾害影响大，存在着较大的自然风险和市场风险，大部分村民的种养技术创新不足，缺少发展产业的技术和相关科技配套设施，特色种植业发展起步晚，未形成规模，发展潜力不足，不能满足供给侧结构性改革和三产融合发展的需要。

（2）三因素支配型

三因素支配型的贫困因素划分为三类：GES 型、EMS 型和 NGE 型。GES 型是区位价值度、致富起步基础度和社会保障度共同支配的贫困类型，包括阜*镇、平*镇、城**镇、吴**乡、北**乡、台*乡、沙*乡七个乡镇 13 个村域；EMS 型是致富起步基础度、人力创业能力度和社会保障度共同支配，共包括阜*镇、城**镇、北**乡、史**乡、沙*乡五个乡镇的 7 个村域；NGE 型是资源供给度、区位价值度、致富起步基础度共同支配类型，包括城**镇、吴**乡、天**镇、沙*乡四乡镇 5 个村域（村域分布见图 5-9）。这些村域中贫困人口所占比例 41.42%，有劳动能力贫困人口占贫困人口的 43.24%，自然村分散程度为平均 5.5 个，存在小自然村多且不集中，往往 3~4 户形成一个小自然村，不利于土地集中，产业规模化，存在显著的地理区位劣势，同时由于自然村的分散，导致了到小学或

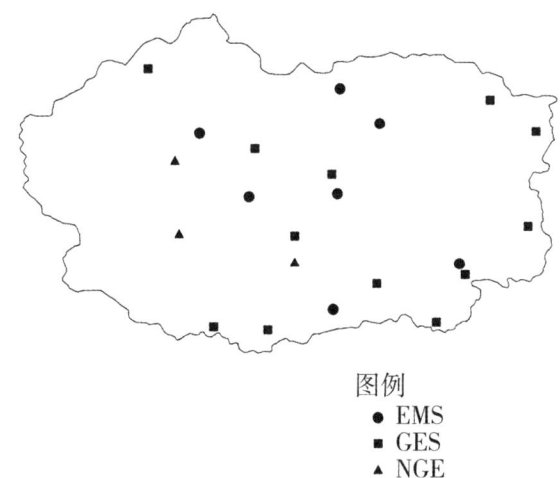

图 5-9　三因素驱动型所涉及村域分布

中学的距离、到最近集市的距离及所花费成本远高于其他区域,进而在交通成本、基础设施、公共服务、人口结构、社会观念等方面造成了不足,区域位置导致了当地贫困村的致贫原因更加复杂。

(3) 四因素协同型

四因素主导型的贫困因素划分为几类:GEMS 型、NGES 型和 NEMS 型。GEMS 型是区位价值度、致富起步基础度、人力创业能力度和社会保障度共同主导的贫困类型,包括阜*镇、平*镇、城**镇、龙**镇、天**镇、王**乡、北**乡、台*乡、史**乡、吴**乡、大*乡、沙*乡十二个乡镇 68 个村域;NGES 型是资源供给度、区位价值度、致富起步基础度和社会保障度共同主导类型,包括阜*镇、平*镇、城**镇、龙**镇、天**镇、北**乡、台*乡、史**乡、沙*乡九个乡镇 24 个村域;NEMS 型是资源供给度、致富起步基础度、人力创业能力度和社会保障度共同主导类型,包括天**镇、王**乡、史**乡、大*乡四个乡镇 13 个村域(村域分布见图 5-10)。

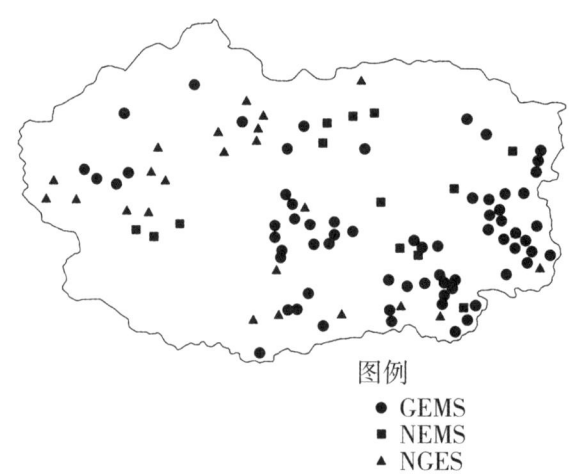

图例
● GEMS
■ NEMS
▲ NGES

图 5-10 四因素驱动型所涉及村域分布

村域中贫困人口所占比例 41.89%,有劳动能力贫困人口占贫困人口的 36.75%,劳动力数量占总人口的 51.1%,比外出劳动力数量占劳动力总量的 34.4%,老年人口占比 20.9%,初中及以上学历的劳动力占总人口的 8.7%,占总劳动力的 17.2%,至少掌握一门致富技术的农户数占劳动力数量的比例为 12.83%,妇女参加农务的平均时间为 11.74 小时,且男女务农时长比为 6.9∶1。由此可以看出,这些乡镇成年男性劳动力往往外出务工,对于高学历、懂技术的劳动力在家务农的比例很小,妇女从事农务时间远高于男性,妇女不仅在家务农,还兼顾照顾老人与家庭,因此在产业培训及匹配上,充分考虑性别差异,大力开展技能培训、充分发挥"女能人"带动作用,安排符合女性特质的扶贫项目,实现就业增收。

(4) 五因素综合型

五因素综合型的贫困因素占贫困村总数的29.67%,涉及阜平县所辖的13个乡镇的62个村域(村域分布见图5-11),由资源供给度、区位价值度、致富起步基础度、人力创业能力度和社会保障度五因素的综合作用下致贫,这些村域贫困人口占总人口的比例为43.93%,人均耕地面积0.97亩,垦耕系数2.73%,平均每村15℃以上坡度的山场面积为4 643.6亩,平均每村的作物总播种面积为441.29亩,有效灌溉面积303.14亩。每年都会发生不同程度的地质灾害,造成严重的经济损失,这些村域致贫五因素同时出现但并不意味着这些村域的贫困程度高于其他村域,例如北*园村、宋*沟村和城*村,这三个村域存在五因素,但是它们的贫困程度属于一般偏轻型,这说明五个因素在村域贫困上综合发力,但是发力程度可能比单独几项结合的程度要浅,从而造成村域综合发展条件上欠缺,但整体发展较好,相对易于改善。

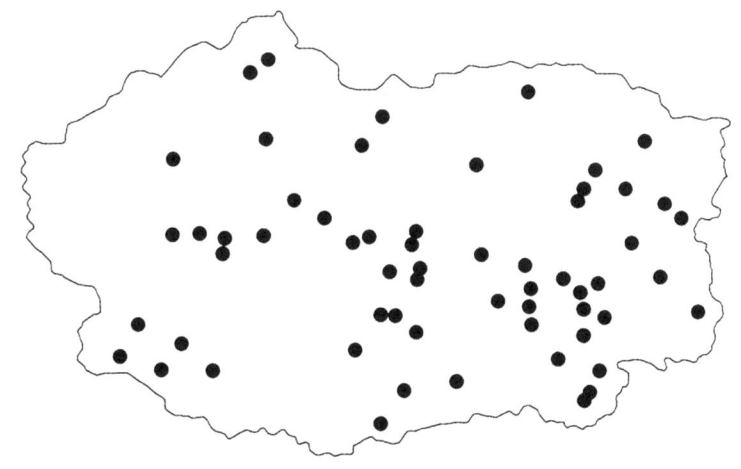

图5-11 五因素驱动型所涉及村域分布

5.4 本章小结

本书以阜平县所辖209个行政村为研究单元,分别从指标层面和维度层面两方面准确定位村域致贫要素,通过村域贫困贡献度因子,量化每个因素所造成的贫困程度及深度,同时将致贫贡献度与具体村域相结合,在此基础上,通过方差模型进一步探讨,在划分研究区域村域贫困程度的基础上,从维度层面将贫困因素进行具体划分，结果表明：①研究区域贫困状况呈现两头小中间大的结构，相对富裕和极端贫困的现象较少出现，多集中在 2.5～3 的中度贫困等级范围内；②研究区域的首要致贫因素为收入状况，其次为劳动力质量、耕地质量、交通及区位，同时结合乡镇和村域，得到了不同乡镇和村域在各指标值中的致贫贡献度要素及其致贫指标值，进而推出主要的发展策略；③研究区域的贫困类型中以四因素致贫为主，尤其以 GEMS 型占据主导地位，其占比为高达 64.94%，说明研究区域受区位价值度、致富起步基础度、人力创业能力度和社会保障度共同制约的影响要素大于其他类型。

  在全面实施乡村振兴政策的背景下，连片特困地区的脱贫是我国脱贫攻坚战关注的重点，准确识别行政村致贫因素只是脱贫攻坚战的第一步，而根据村域具体的致贫因素进行差别化研判才是脱贫的关键。就研究区域而言，应首先提高贫困人口的获得收入的能力，使产业结构更加合理，科技水平含量更高，大力发展教育科技，并通过经济发展来增加二产、三产的就业机会，提升贫困人口的能力和素质来从根本上消除贫困。除此之外，针对研究区域第二产业衰弱的现象，在大力发展第一产业的基础上要扩张第二产业在家庭收入的比重，稳步提升家庭副业在收入构成中的持续增收能力，还要改善交通道路，加强与外界的交流沟通，破除相对保守落后的思想观念；提升劳动力的教育经历和技术水平，尤其是家庭妇女的基本教育和文化素质。

6 村域特征与产业配置的匹配效率研究

村域多功能特性是乡村地域空间的本质特征，通过村域的多种特性与其他系统相互作用产生的能够支撑可持续发展的综合特性，村域多功能特性是供给要素和限制要素，村域多功能特性是产业调整和选择的基础，如果一个地区产业配置的方向与村域多功能特性相背离或超出了村域多功能特性的承载力，产业调整就会受到制约。同时产业调整和选择对村域特性具有一定的必须要求，即不同的产业对村域特性要素有一定的必然要求，如劳动力、耕地状况、温度湿度等，产业配置对村域特性的反作用体现在提高了特性利用的广度、深度、效率以及效益。将二者进行结合研究对扶贫效率的影响，实现乡村地域发展由"输血"扶持向"造血"转变，对脱贫攻坚倒排时期减少贫困具有一定的理论和实践意义。

在全面完成脱贫攻坚任务后，乡村振兴战略是未来30到50年中国农业农村发展的主体战略，村域发展成为乡村振兴的重要任务之一。产业兴旺是村域发展的前提，即产业旺，村域兴。在巩固脱贫成果基础上，实现脱贫向致富转变，村域产业发展显得尤为重要。应该充分考虑村域产业结构的合理性、特色产业的引领性和产业带动能力的持续性。因此本章以村域特性与产业配置的互动关系对扶贫效率的影响作为研究对象，分析村域特性与产业配置相互作用的机制，以及村域特性与产业配置匹配度对地区区域扶贫效率的影响，实证分析协调匹配对于二者的经济效应，以及扶贫效率在产业与区域层面的作用。

不可否认，贫困地区的发展路径很多，如产业链、区块链等，而本书是以研究区域中产业与资源是否匹配为视角，将贫困本源与内生角度上更倾向于研究独立的单向关系，少有学者将两者结合为一个整体探讨两个系统的互动关系，从而识别其中的弱项和短板。例如郭珍[65]等认为有效配置生产要素与乡村可以提高产业经营效益，这是乡村产业振兴的关键。

6.1 村域特性与产业配置匹配度模型与评价标准

6.1.1 "村域特性–产业配置"的匹配度模型

在区域特性与产业配置的关系测度中有多种研究方法，如容量耦合系统方法、主成分分析、综合指数模型、弹性系数模型等，其中容量耦合系统模型计算简便且具有明显的层次性，便于向多个系统推广的特点，在多个领域得到了广泛应用[167-170]。

借鉴容量耦合系统模型构建"村域特性–产业配置"的匹配度模型。将"村域

6 村域特征与产业配置的匹配效率研究

特性-产业配置"界定为:产业配置和村域特性之间存在相互作用而彼此影响的交互关系,这种交互可能是正向的,也可能是负向,且这种交互作用构成了一个多种分项组合而成的集合系统。村域特性与产业配置两大系统是各自独立而又开放的系统,两个系统在发展过程中相互制约或相互促进,这种非线性耦合创造了推动产业系统向高级有序结构演进的条件[171]。其次,构建"村域特性-产业配置"的模型计算公式和评价标准。

(1) 设定功效函数

设变量 U_i($i=1,2$)分别是两大系统的综合序参量,U_{ij}($j=1,2,\cdots,n$)为第 i 个序参量的第 j 个指标,其值为 X_{ij},α_{ij} 与 β_{ij} 分别是系统稳定临界点序参量的上、下限值。产业配置和村域特性系统对系统有序的功效系数 U_{ij} 可以表示为:

$$\mu_{ij} = \begin{bmatrix} (X_{ij}-\beta_{ij})/(\alpha_{ij}-\beta_{ij}), & \mu_{ij}\text{具有正功效} \\ (\alpha_{ij}-X_{ij})/(\alpha_{ij}-\beta_{ij}), & \mu_{ij}\text{具有负功效} \end{bmatrix} \quad (6-1)$$

式中,标准化的功效系数 U_{ij} 为 X_{ij} 对系统的功效贡献大小,反映了指标达到理想目标的满意度,而且其值在 0 与 1 之间,其值越大满意度越高。在确定序参量上下限的方式中,采用实际值中的最大与最小值来确定[172],即在计算功效值时,以同年同地区的指标中最大值和最小值作为序参量的上下限标准。

(2) 匹配度计算

根据容量耦合系统模型,将村域特性-产业配置系统匹配度设立为 C,函数关系如下:

$$C = \{(U_1 \times U_2)/[(U_1+U_2)/2]^2\}^2 \quad (6-2)$$

其中,U_i($i=1,2$)分别为产业配置和村域特性综合序参量,λ_{ij} 为序参量所对应的权重。其表达式为:

$$U_i = \sum_{j=1}^{n} \lambda_{ij}\mu_{ij}, \quad \sum_{j=1}^{n} \lambda_{ij} = 1 \quad (6-3)$$

(3) 匹配协调度计算

计算公式如下:

$$Match = (C \times D)^{1/2}$$
$$T = aU_1 + bU_2 \quad (6-4)$$

式中,$Match$ 为产业配置和村域特性的匹配度;C 为系统耦合度;T 为综合协调指数;a 和 b 为待定系数。村域特性系统的发展必然全方面影响所配置的产业[173],而产业的初始配置以及后续产业发展受多种因素的影响[174],故应对村域特性系统赋更高权重,$a=0.4$ 且 $b=0.6$[175]。

6.1.2 协调性和匹配度评价标准

匹配协调度模型能够有效测量系统间的交互作用和两个系统的协调程度，而为了更加直观地反映两个系统相互发展状态，需要引入相对发展度模型用以分析两个系统在交互过程中所处的状态。有的学者如司嵬等引用两系统序参量的比值与 1 的比较来衡量两者相对发展度，即 $E = U_1/U_2$，E 表示两系统的相对发展度指数[171]。当 $E = 1$ 时，表示两系统处于完全同步发展的状态，当 $E < 1$ 时，表示区域内所配置的产业滞后，而当 $E > 1$ 时，则说明区域内产业配置超前化，仅有 E 为 1 时才表示两系统的发展是同步的，但是在实际情况下，两系统的发展难以实现完全同步，即 E 为 1 的情况极少出现，因此将 E 值为 1 的比较转化为范围值，如 0.8 和 1.2 为分界，$E > 1.2$ 时为超前型；当 $0.8 < E < 1.2$ 时为同步型；当 $E \leqslant 0.8$ 时为滞后型。还有学者运用两系统的差值来衡量两个系统之间的超前或滞后关系，还有学者通过 U_i 值大小进行判断，当 $U_1 < U_2$ 时产业配置滞后，当 $U_1 > U_2$ 时，产业配置超前化，当 $U_1 = U_2$ 所配置产业符合村域特征。综合考虑，本书采取第三种协调性评价标准的方法进行产业配置和村域特性综合序参量两个系统相对协调度的研判。

为更好地揭示产业配置和村域特征两系统之间的协调状态，本书广泛借助研究学者的研究成果[176-179]，构建了协调度等级划分标准（详见图 6-1）。此划分标准并

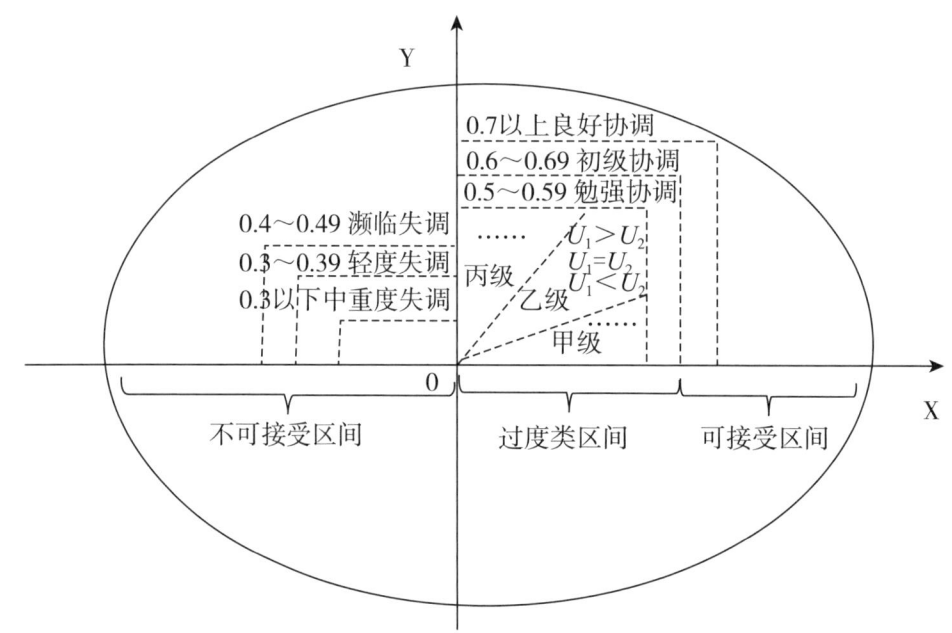

图 6-1 村域特性与产业配置的划分标准与判断类型

与研究区域实际情况相结合,将匹配度从 0.3 到 0.7 划分为 6 个类型,同时考虑到匹配度等级划分的公平间距以及县域之间数据的微差距问题,将匹配度进一步细分为 3 个等级,分别为 3%间隔甲级、3%间隔乙级、4%间隔丙级。评价按照匹配双方的协调发展状态将每一个标准再分 3 个类型,即 $U_1>U_2$ 产业配置超前化,$U_1=U_2$ 所配置产业符合村域特征,$U_1<U_2$ 产业配置滞后。

6.2 变量选择和数据来源

6.2.1 变量选择

建立"村域特性-产业配置"的匹配度模型后,筛选关键指标反映两者的本质特征和属性,更好地分析相互作用关系,指标共包括 20 个自变量和 6 个因变量。

在村域特性方面,部分学者认为贫困地区自然条件、经济基础、社会事业的落后导致脱贫难度大[180],发展内生动力不足[181],需要将村域特性与产业开发之间进行密切镶嵌[182]。因此在村域特性的挖掘与匹配中,分别从自然、经济、社会的角度出发,同时结合研究区域现有实际情况,在自然条件方面,选定了自然村分散程度、≥15°的坡度面积、地质灾害危害程度为自然因素,这是因为阜平县自然村分散程度差别较大,范围值分布于 0.04~1,对于集中管理、集中栽植的产业具有较大影响;村域内≥15°的坡度面积取值范围在 0~307 000 平方米,坡度大于 15°的山体土壤条件较差,对于土地质量要求严格的产业有较大影响;同时阜平县为全山区县,地质灾害发生频率为 0~45%,地质灾害发生频率及危害程度均高于平原地区。

在经济和社会指标的选取中,本书通过土地、人口的核心变量来反映村域之间的差异性的刚性指标来划分,选定交通基础设施比例、耕地改造投资强度、人均耕地面积[183]、有效灌溉面积比例、粮食播种面积、林果业面积、养殖数量、小型加工企业数量、合作社数量为经济指标。选定劳动力占比、初中以上学历劳动力占比、技能压力系数、劳动力流失压力系数、文盲率、以从事第一、第二、第三产业为主的农民数为社会指标[184]。

在产业配置方面,选定产业类型数量[185]、人均产业纯收入、第一产业收入占总收入比重、第二产业收入占总收入比重、第三产业收入占总收入比重[186]、产业转型投资强度为产业指标。

6.2.2 数据来源与处理

本书所用数据来源于历年的《阜平县统计年鉴》和《河北省统计年鉴》,以及阜平县统计局、农业局、扶贫办等部门所提供的资料整理而来。同时对每个村域发放了一份《村域基本情况调研表》,共计 209 份,全部回收,有效率为 100%,村域抽样调研问卷 4 180 份,回收 4 180 份,有效问卷 4 130 份,有效率为 98.8%。

在村域特性中共包括 20 个指标值,X_1、X_6、X_8、X_9、X_{10}、X_{11}、X_{12}、X_{13}、X_{14}、X_{18}、X_{19}、X_{20} 由调研数据整理得来;X_2、X_3、X_7、X_5、X_{15}、X_{16}、X_{17} 由阜平县统计局、河北省统计局所提供的资料以及 2016—2017 年村域基本情况摸底调研中产业基本信息整理而来。其中地质灾害危害程度是指当年每种地质灾害的发生频率;耕地改造投资强度是指村域耕地投资概算与村域在册耕地的比值即为每亩耕地改造的资金投入;交通基础设施比例是指交通密度来度量交通基础设施水平;技能压力系数是指村域中渴望或拥有某项致富技术的人数占总人数的比重;劳动力流失压力系数是指 18 岁以上外出务工劳动力占村域总劳动力的比重。

在产业配置中共包括 6 个指标值,Y_1、Y_2、Y_4、Y_5、Y_6 由调研数据整理得来;Y_2 由阜平县统计局资料整理而来。其中产业转型投资强度是指每亩地总投资额与耕地面积的比值。每亩地总投资额包括种子、农药、花费、水电费、人工成本等,其中种子、农药、花费、水电费等根据实地调研整理而来,人工成本计算时本书采用王文略等的研究成果[187],假定男劳动力的成本为 1,女劳动力的成本为 0.8,老年人的劳动力成本为 0.5,未成年人的劳动力成本为 0.2。

6.2.3 数据的标准化及指标权重的确定

本书采用正负向指标进行数据标准化处理,使用 CRITIC 法确定各指标权重,具体方法,详见第 5 章。最终计算结果如表 6-1 所示。

表 6-1 村域特性与产业配置的匹配指标体系

维度	指标	序号	关系	单位	指标权重
村域特性	自然村分散程度	X_1	-	%	0.064 205
	≥15°的坡度面积	X_2	-	亩	0.051 544

(续表)

维度	指标	序号	关系	单位	指标权重
村域特性	地质灾害危害频率	X_3	−	%	0.057 959
	交通基础设施比例	X_4	+	%	0.046 905
	耕地改造投资强度	X_5	−	%	0.060 984
	人均耕地面积	X_6	+	亩	0.050 721
	有效灌溉面积比例	X_7	+	%	0.068 438
	粮食播种面积	X_8	+	亩	0.063 067
	林果面积	X_9	+	亩	0.064 073
	养殖业数量（牛、猪、羊）	X_{10}	+	头	0.061 573
	小型加工企业数量	X_{11}	+	个	0.121 344
	合作社数量	X_{12}	+	个	0.127 298
	劳动力占比	X_{13}	+	%	0.075 162
	初中以上学历劳动力占比	X_{14}	+	%	0.074 355
	技能压力系数	X_{15}	−	%	0.066 671
	劳动力流失压力系数	X_{16}	−	%	0.070 613
	文盲率	X_{17}	+	%	0.067 739
	以从事一产业为主的农民数	X_{18}	+	人	0.069 34
	以从事二产业为主的农民数	X_{19}	+	人	0.038 097
	以从事三产业为主的农民数	X_{20}	+	人	0.054 916
产业结构	产业类型数量	Y_1	+	个	0.130 297
	人均产业纯收入	Y_2	+	元	0.126 012
	产业转型投资强度	Y_3	−	%	0.124 261
	第一产业收入占总收入比重	Y_4	+	%	0.072 598
	第二产业收入占总收入比重	Y_5	+	%	0.123 553
	第三产业收入占总收入比重	Y_6	+	%	0.118 86

资料来源：调研数据、遥感影像数据以及2013—2017年《阜平县统计年鉴》等。

6.3 结果分析

6.3.1 村域特性与产业匹配度

为了更直观反映研究区域所辖209个村两系统的匹配程度，深入剖析各匹配状态，特将研究区域按所属地理位置划分为五部分，分布为中部、东部、西部、南部、北部。其中中部地区包括阜*镇、天**镇两个乡镇的43个村域；东部地区包括平*镇、王*口两个乡镇的42村域；南部地区城*庄、北*园两个乡镇的48个村域；西部地区龙*关、吴*口、夏*乡三个乡镇的30个村域；北部地区史*寨、砂*乡、大*乡、台*乡四个乡镇的46个村域。

中部地区各村域两系统的匹配度差异较大，分布于0.31~0.55，多集中在0.41~0.48区间内，匹配度前十的村域依次为龙*村、青*村、燕*村、葛**村、照*村、东**村、黄**村、*教*村、色**村、木**村，匹配度最低的是0.31的塔*村和0.32的罗**村。从综合协调指数来看排在前三位的村域依次是龙**村、罗**村、朱**村，最低的是城*村和第**村。从耦合度来看排在前三位的村域依次是燕*村、石*村、葛**村，最低的是塔*村和北**铺村。从匹配等级来看，有5个村域处于0.3~0.39的轻度匹配失调，有12个村域处于勉强协调，占中部村域的28%。从产业结构与村域特征两者的关系来看，西部地区村域多为产业配置滞后型，其中滞后率超过50%的村域占比48.8%，超过40%的占比62.7%，所以说整个西部地区产业滞后的情形不容忽视。

东部地区匹配度基本平均，平均匹配度为0.479，从匹配度来看，东*峪村的匹配度最高，属于勉强匹配协调，最低的是西*林口，属于轻度匹配失调，轻度匹配失调村域仅占据较小一部分，大部分区域为濒临匹配失调，占比65%。

南部地区匹配度位居其他四区的前列，平均匹配度在0.465，从匹配度来看，*台村的匹配度最高，属于勉强匹配协调，最低的是*岸*村，属于轻度匹配失调。

西部地区平均匹配度为0.446，从匹配度来，看**湾村的匹配度最高，属于勉强匹配协调，最低的是黑**村，属于轻度匹配失调。

北部地区平均匹配度在0.441，从匹配度来看，吴**村的匹配度最高，属于勉强匹配协调，最低的是下*村，属于中度匹配失调。详见图6-2至图6-6。

6 村域特征与产业配置的匹配效率研究

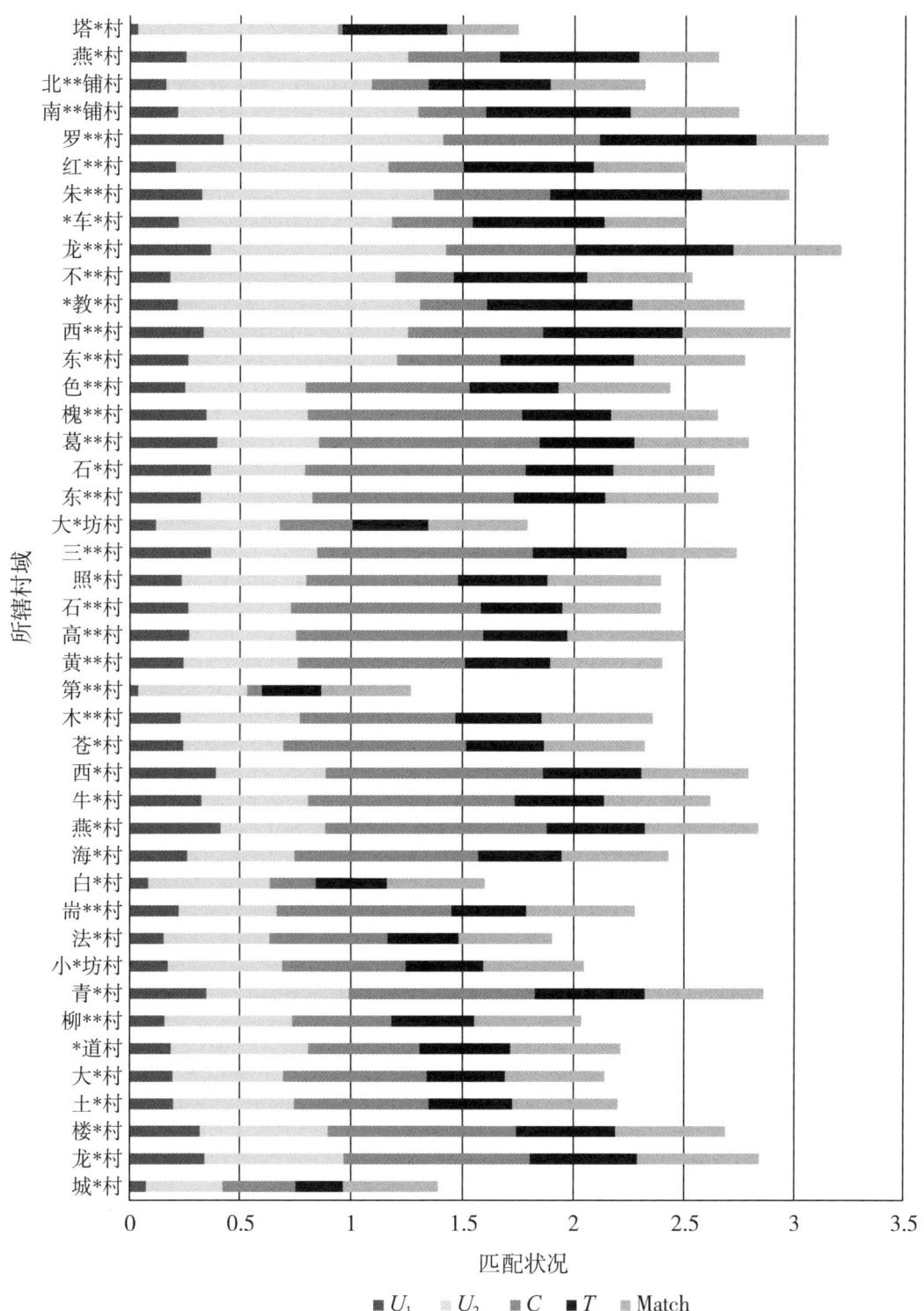

图 6-2 研究区域中部地区所辖村域的村域特性-产业配置匹配状况

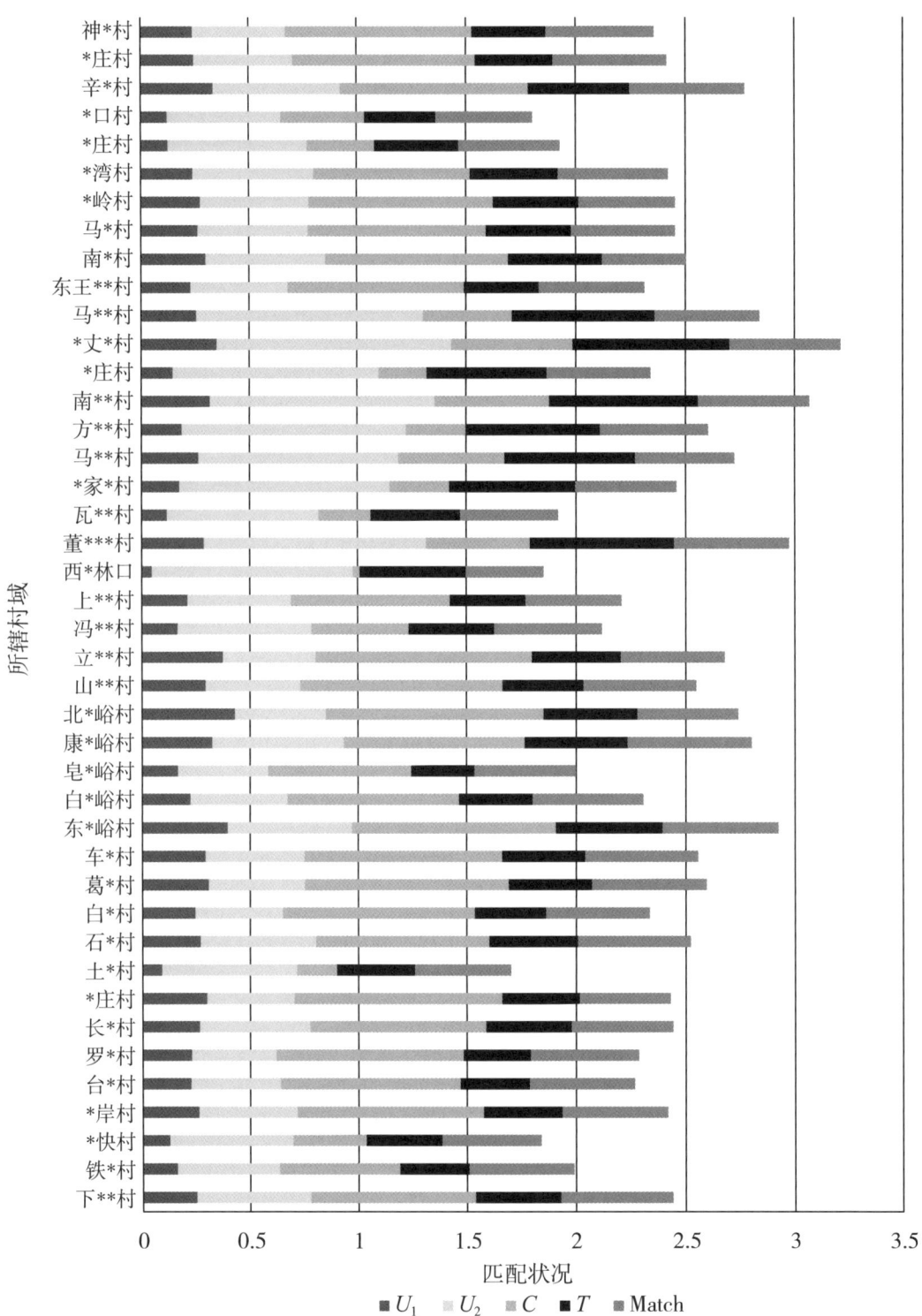

图 6-3 研究区域东部地区所辖村域的村域特性-产业配置匹配状况

6 村域特征与产业配置的匹配效率研究

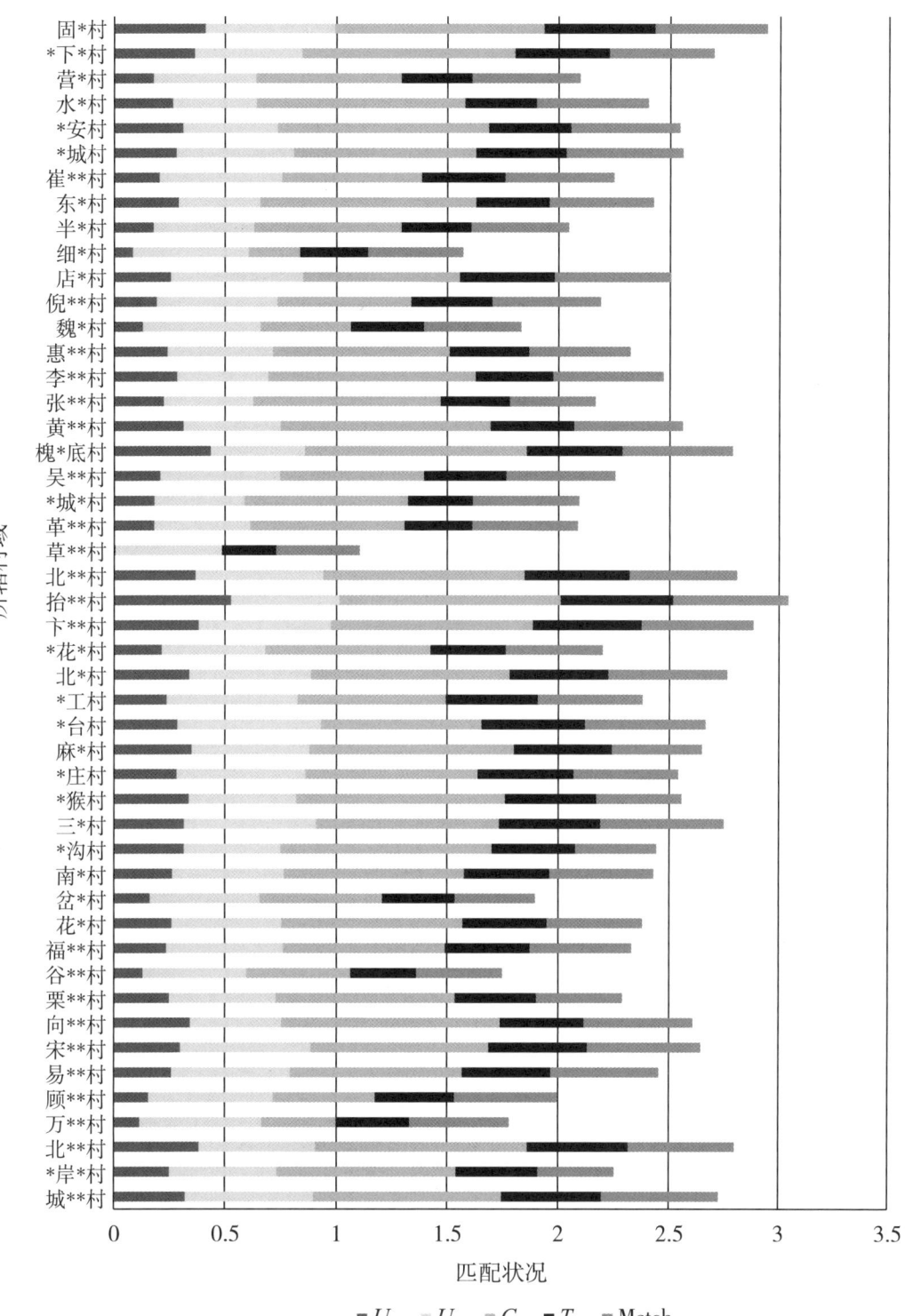

图 6-4 研究区域南部地区所辖村域的村域特性-产业配置匹配状况

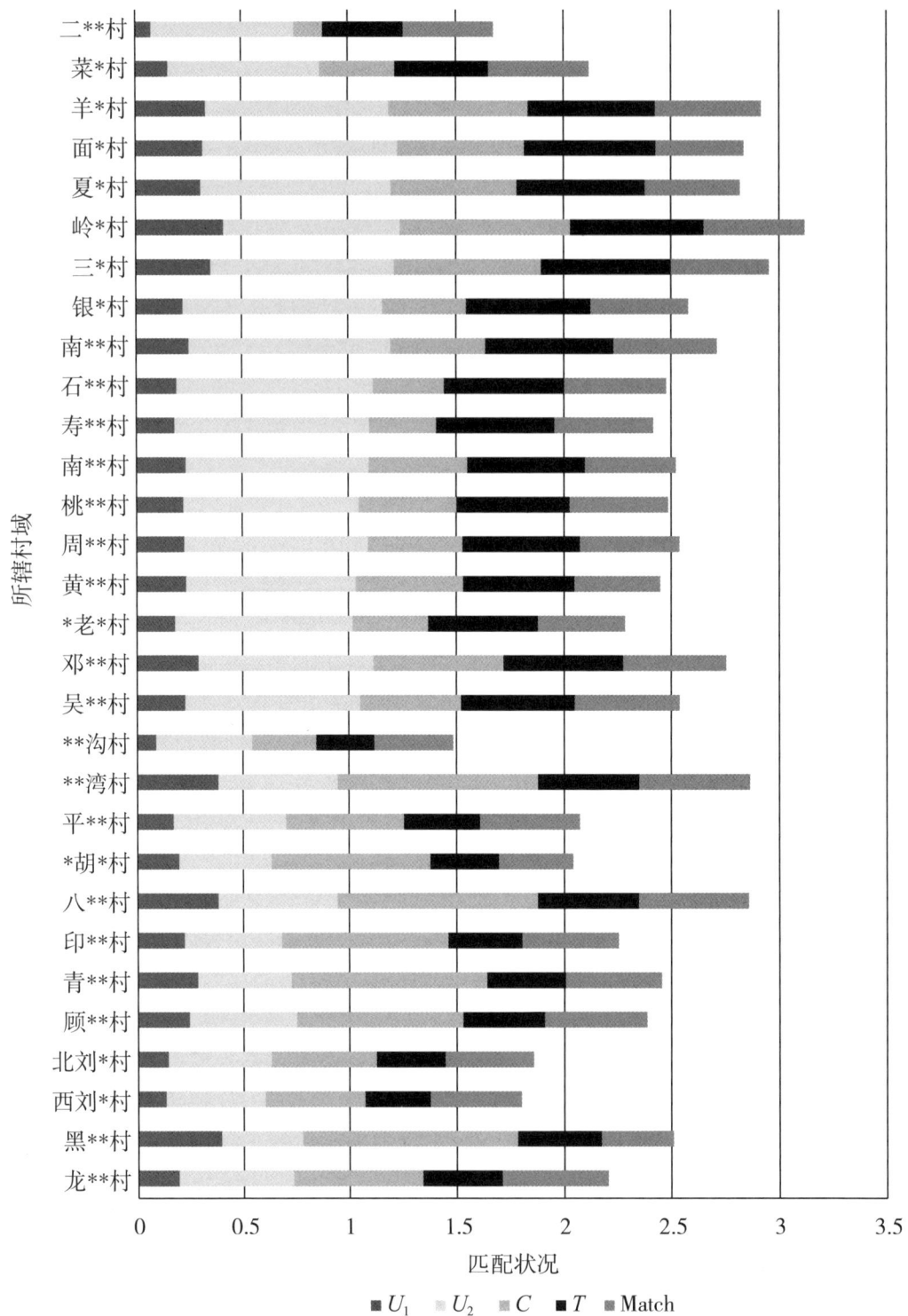

图 6-5 研究区域西部地区所辖村域的村域特性-产业配置匹配状况

6 村域特征与产业配置的匹配效率研究

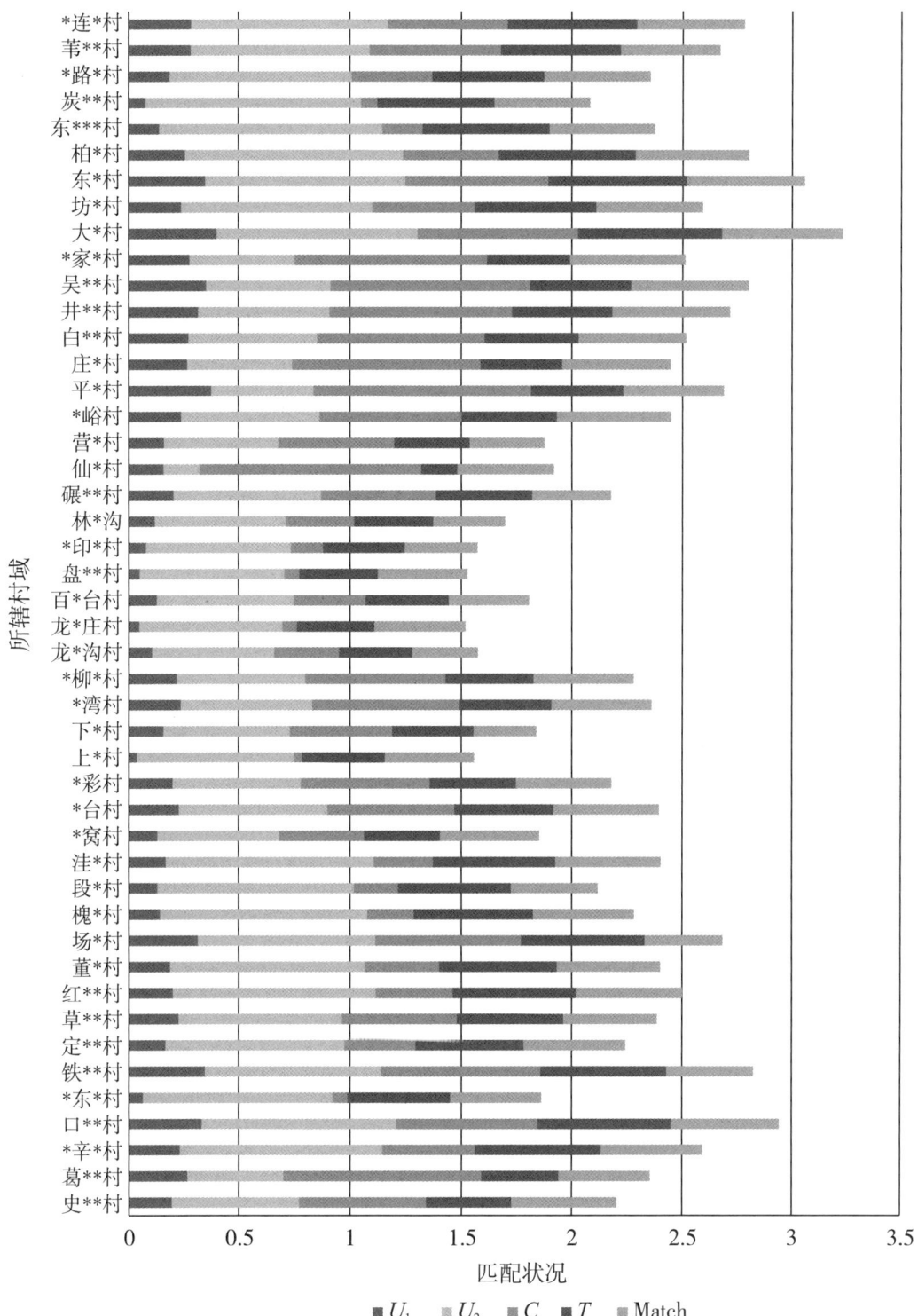

图 6-6 研究区域北部地区所辖村域的村域特性-产业配置匹配状况

所辖村域的村域特性-产业配置匹配度的整体分布情况见图6-7。从209个村域特征与产业配置的匹配度（表6-2）来看，阜平县所辖村域匹配程不容乐观，大部分村域的匹配度存在于0.3~0.59，介于不可接受与过渡区间范围内，只有少量村域处于0.2~0.29的中度失调区间。未出现可接受区间的0.6~0.99、0~0.19的匹配值。结合上一章的研究结论，研究区域不存在良好协调以及极度、严重失调的原因可能是与小区域范围的资源供给、地理区位以及人力资源等均有一定的关联。

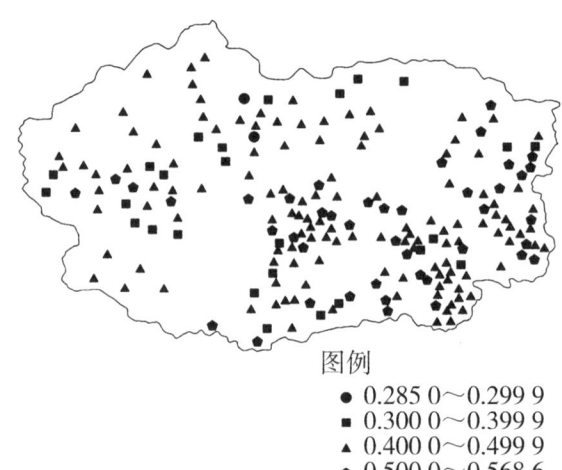

图6-7 所辖村域的村域特性-产业配置匹配度的整体分布情况

表6-2 阜平县所辖村域匹配度及匹配等级

接受区间	MATCH	匹配度亚区	等级划分	乡镇N	村域N	匹配等级
	0.3以下	0.27~0.299	甲级	1	2	中度失调
		0.24~0.26	乙级	0	0	
		0.2~0.23	丙级	0	0	
不可接受区间	0.3~0.39	0.37~0.399	甲级	5	11	轻度失调
		0.34~0.36	乙级	6	9	
		0.3~0.33	丙级	4	6	
	0.4~0.49	0.47~0.499	甲级	13	61	濒临失调
		0.44~0.46	乙级	13	44	
		0.4~0.43	丙级	13	30	
过渡类区间	0.5~0.59	0.57~0.599	甲级	0	0	勉强协调
		0.54~0.56	乙级	4	6	
		0.5~0.53	丙级	9	40	

这说明阜平县现行的产业发展策略能够部分满足需要，但还是存在一半的村域特征与产业的不协调、不匹配现象，造成不匹配的原因有可能是在产业政策设立之初的产业识别视角或识别测度方法的差异问题。

6.3.2 匹配双方比较关系的等级划分

通过对匹配双方比较关系的进一步判别，定位导致匹配失调的控制因素，可以使二者在更高层次上提高产业与村域的协调发展度。

通过对匹配双方综合序参量大小的比较，可分为 3 类等级：受阻型、滞后型、基本停滞型。在受阻型中，有勉强协调的乙、丙级两种，包含了产业格局超前型、产业与配置协调型以及产业受阻型 3 类。以勉强协调中丙类的产业格局超前型占据主导地位，涉及乡镇占过渡类区间乡镇的 58.6%，其中受阻率超过 10% 的村域占丙级人力资源滞后型村域的 25%，超过 5% 的村域占 22%，由此可见，处于过渡区间的大部分村域产业格局资源配置的发展基本保持同步状态。

在滞后型中所涉及的乡镇最多，同时涵盖村域也是最大的，共有甲级、乙级和丙级 3 种，包含了产业格局低水平超前型、产业与配置低水平同步型以及产业配置滞后型 3 类。而在每一类中以 $U_1>U_2$ 为主导，这说明这些村域虽然处于匹配濒临失调阶段，但是产业格局与资源则共同朝着相互协调的方向发展中。在扶贫阶段，要重点关注处于此阶段的村域，因为这些村域处于匹配的临界值，以强有力的手段进行扶持，那么处于此阶段的村域，尤其是处于甲级阶段的村域，有很大比例转换到 0.5~0.59 的过渡类匹配阶段。

在基本停滞型中，基本停滞率超过 50% 的村域占比 68%，处于此阶段的村域，无论从两系统的匹配度来看，还是单从综合序参量的比值来看，这些村域面临着自有资源的严重不足，急需要找到资源短板，对现有产业转型升级，寻找与之特性相配套、扬长避短的产业类型，同时还要加强扶贫力度以及相关政策的适度倾斜。详见表 6-3。

表 6-3 阜平县所辖村域匹配关系及等级判别

接受区间	匹配关系	匹配等级	对比	匹配类型判别	乡镇 N	村域 N
不可接受区间	0.3 以下	中重度失调（甲级）	$U_1>U_2$	产业配置极低水平超前	1	2
	0.3~0.39	轻度失调（甲级）	$U_1>U_2$	产业配置超低水平超前	5	10
			$U_1<U_2$	产业配置基本停滞型	1	1
		轻度失调（乙级）	$U_1>U_2$	产业配置超低水平超前	6	9
		轻度失调（丙级）	$U_1>U_2$	产业配置超低水平超前	4	6

(续表)

接受区间	匹配关系	匹配等级	对比	匹配类型判别	乡镇 N	村域 N
不可接受区间	0.4~0.49	濒临失调（甲级）	$U_1>U_2$	产业配置低水平超前	13	37
			$U_1=U_2$	产业与资源低水平同步	4	6
			$U_1<U_2$	产业配置滞后	8	18
		濒临失调（乙级）	$U_1>U_2$	产业配置低水平超前	10	26
			$U_1=U_2$	产业与资源低水平同步	5	5
			$U_1<U_2$	产业配置滞后	7	13
		濒临失调（丙级）	$U_1>U_2$	产业配置低水平超前	10	20
			$U_1<U_2$	产业配置滞后	6	10
过渡类区间	0.5~0.59	勉强协调（乙级）	$U_1>U_2$	产业配置超前	2	2
			$U_1=U_2$	产业配置符合当地	2	3
			$U_1<U_2$	产业配置受阻	1	1
		勉强协调（丙级）	$U_1>U_2$	产业配置超前	8	27
			$U_1=U_2$	产业配置符合当地	5	9
			$U_1<U_2$	产业配置受阻	4	4

6.3.3 村域匹配度类型分析

6.3.3.1 濒临失调类型村域分析

此类型介于 0.4~0.49 区间，此阶段所涉及村域几乎遍布整个阜平县，占比高达 64.6%，这说明有 2/3 的村域在系统匹配中处于濒临失调的状态，但是在这些村域中有 45.2% 的村域在较好的 0.47~0.499 匹配度亚区的甲级，这些村域处于临界值，因此在扶贫开发中，因其改善难度小于其他村域，应该首先对此类村域进行调整和开发。

其中，通过对处于 0.4~0.49 的村域综合序参量的比较，可以分为 3 种类型：产业配置低水平超前、产业与资源低水平同步、产业配置滞后。$U_1>U_2$ 的村域在各自匹配度亚区中所占比例分别为 60.6%、59.1% 和 66.7%，这说明阜平县处于濒临失调阶段的 135 个村域中 61.4% 的村域所配置的产业类型超前于当地实际，这为后续产业的延伸和发展提供了资源空间，与此同时由于产业配置的超前性，当地村域对于产业的接收程度存在挑战，因此这需要当地政府增加宣传推广力度，给予更大便利的金融和政策支持。

$U_1=U_2$ 的村域在各自匹配度亚区中所占比例分别为 9.8%、11.3%，不存在匹配度丙级亚区。双方的协调匹配是较为理想的状态，但是由于整体的匹配区间值较低，说明即使匹配双方是协调的，也只是处于低水平协调状态，尤其是对资源本就不富裕的贫困山区，低水平协调状态是不利于脱贫的，容易出现"低水平陷阱"。

$U_1<U_2$ 的村域在各自匹配度亚区中所占比例分别为 29.54%、29.5% 和 33.3%，这说明阜平县有 30.3% 的村域所配置的产业明显跟不上当地发展以及不符合当地的资源类型，但是在产业配置滞后村域中，有 75.6% 的村域处于落后村域的相对理想状态，产业升级改造难度相对较小，因此提升所配置的产业，发展适宜当地特色、具有产地优势的相关产业，使得其产业结构能够较快地调整与升级，从而促进其经济快速发展。

濒临失调类型村域分布见图 6-8。

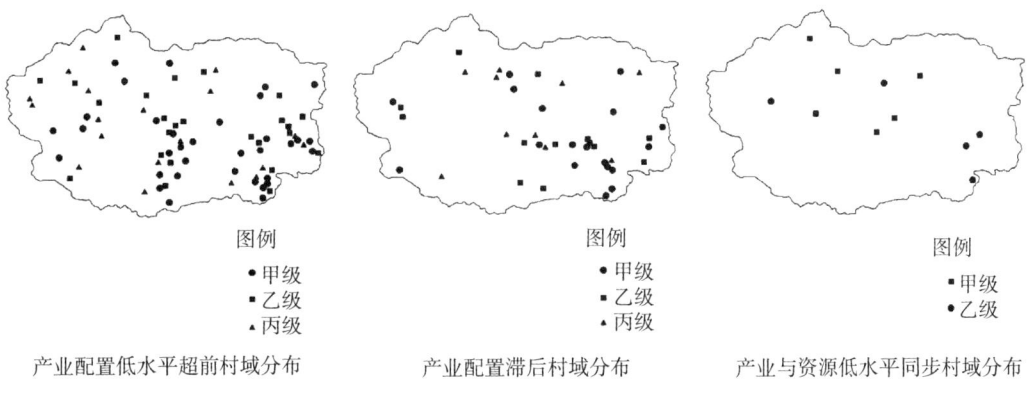

图 6-8　濒临失调类型村域分布

6.3.3.2　勉强协调类型村域分析

此阶段介于 0.5~0.59 的区间，共涉及 46 个村域，占村域总数的 22%，单就数量来说，处于整个阜平县匹配程度的第二大体量，但是也不能乐观地认为其协调程度高于周边村域。勉强协调的丙级村域占 86.95%，也就是说这 40 个村域处于较为危险范围，极有可能滑落到濒临失调的类型中，因此在扶贫开发中要特别给予重视，在保持现有产业配置及发展的基础上，适时升级调整，促进产业与村域特性的进一步融合发展。

$U_1>U_2$ 的村域在各自匹配度亚区中所占比例分别为 66.6% 和 67.5%，不存在 0.57~0.599 匹配度甲级亚区。产业配置高于村域特征所占比例为 63%，这说明阜平县过渡类村域中，有超过 2/3 的村域在产业扶贫中所配置的产业类型是先进的。

$U_1=U_2$ 的村域在匹配度亚区乙级和丙级中所占比例分别为 50% 和 22.5%，说明阜平县勉强协调中有 26% 的村域匹配双方是理想的，所配置的产业符合当地实际且具有较高生命力。处于此阶段的产业应该进一步升级，朝着富裕和更加协调匹配的方向发展，给予周边其他村域发展的参照和样本。

在过渡类区间中 $U_1<U_2$ 的村域共有 5 个，分别是阜*镇的色*口村和龙*村、王*口乡的南*村、北*园乡的广*村、大*乡的柏*村。这 5 个村域的产业配置受阻，或者劳动力资源缺乏、或者土地资源稀缺等基础条件不足以支撑产业发展，需要进一步分析，查找具体村域的不足条件并相应补足，使之与所配置产业发展相符，才能促进当地经济发展。

勉强协调类型村域分布见图 6-9。

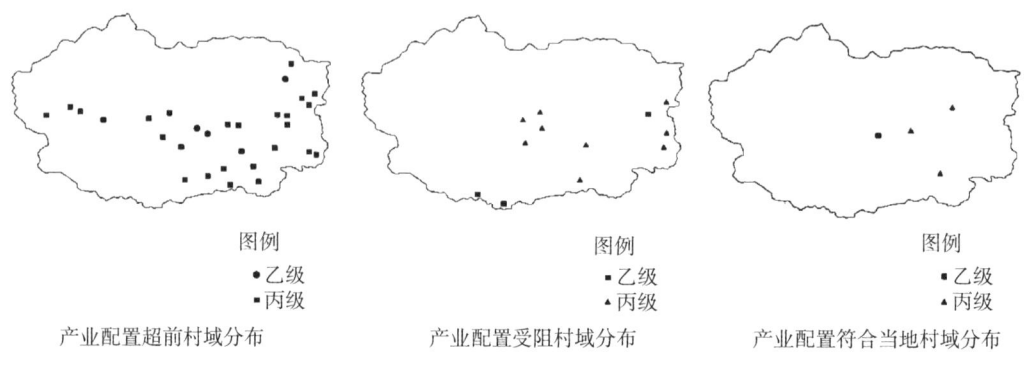

图 6-9 勉强协调类型村域分布

6.3.3.3 轻度及中度失调类型村域分析

轻度失调与中度失调分别占比 12.44% 和 1%，处于此阶段的村域相对较少，但却是扶贫开发的"硬骨头"，在扶贫路上"一个都不能少"的理念中，要进一步研究这些村域产业配置是否合理，是否符合当地实际，那么在村域短板的识别中，要尽快不补足短板，助力产业发展。

轻度及中度失调类型产业配置超低水平超前村域分布见图 6-10。

$U_1>U_2$ 在各自匹配度亚区中所占比例均为最高，分别为 100%、90.9%、100% 和 100%，这说明绝大部分村域在产业扶贫中所配置的产业类型在轻度及中度失调阶段中是低水平超前的，因此在产业扶贫中不仅需要将此阶段的村域资源短板进一步识别，匹配与之相适应的产业类型，同时还要在各项政策中加以大力倾斜和支持，使其尽早摆脱贫困协调发展。

6　村域特征与产业配置的匹配效率研究

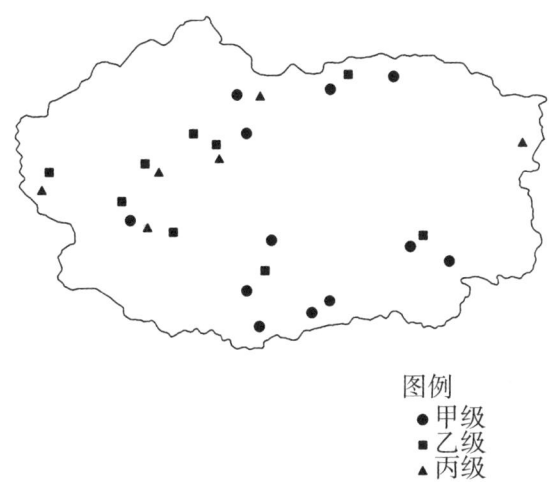

图 6-10　轻度及中度失调类型产业配置超低水平超前村域分布

6.3.4　贫困村个体案例匹配度分析

前文主要以宏观的角度对研究区域两系统的匹配度进行分析，接下来从村域出发，进行典型村域短板识别和所配置产业是否合理进行研判，以期望得到更加具体和靶向的村域特征与产业配置效率的评价。根据匹配均值从 0.2~0.59 区间随机挑选 5 个贫困村为典型案例进行贫困村个体综合考虑产业格局、资源配置的匹配度的综合分析。

一是城**镇的宋*沟村属于产业配置超前型，且配置率超过 15%，这在整个城**镇占据靠前地位，分别分析其产业格局和资源配置综合序参量可得，在产业格局中人均产业纯收入短缺是造成产业格局不佳的首要因素，资源配置的短板在有效灌溉面积上。经过实地调研该村，发现宋*沟村大部分山体是石山，表层土壤十分稀薄，保水保肥能力差，林地比例 59.6%（大），耕地面积仅占 5.8%（小）。现有阜平县主干河流之一的胭脂河流从下庄乡至王快水库汇入口，流经宋*沟村，但支流量逐年减少，现已处于基本干涸状态，灌溉时期的水量不足以支撑，因此宋*沟村要修建村庄农田水利等生产设施，建机井和引水渠，整体解决吃水用水问题。现村内食用菌产业作为政府扶持的特色产业，在收入总占据主导地位但是缺乏一定的技术指导，导致收益受到严重影响。

二是夏*乡的菜*村属于产业配置滞后，且滞后率超过 14%，分别分析其产业格局和资源配置综合序参量可得，在产业格局中特色产业的缺失是造成产业配置滞后的主要因素，而资源配置的短板在于设施农业用地的不足。经过实地调研发现该村的主导产业以大田作物玉米、马铃薯为主,特色产业如黄芩、樱桃的种植产业发展不成熟,加工企业存在规模小,市场化程度低等问题,村域旅游业中基础设施不完备,缺少餐饮、住宿等旅游服务产业,且村内地形复杂,山峦绵亘,沟壑纵横,村域土地细碎化,缺少发展设施农业的土地资源。

三是王**乡的前*村属于产业配置低水平超前,且配置率超过41%,这在王**乡占据主导地位,分别分析其产业格局和资源配置综合序参量可得,在产业格局中缺少加工企业是造成产业配置受阻的首要因素,在资源配置中处于关键要素的是地质灾害的频发和缺少高素质的劳动力。经过实地调研发现该村有部分村民利用枣核串珠,分家分户制作手工艺品,主要以出卖初级产品为主,没有完善的产业链,加工营销落后,产业化水平低,制作标准不高,产品运输成本高。村民思想观念的保守与文化知识匮乏让科技推广进行缓慢。该村自然条件较恶劣,农业基础设施不完善,灌溉条件较差。推广先进技术和开拓市场的能力有限。因此应为充分利用枣核资源,发展枣核手工艺品制作,借力扶贫政策,积极申请手工业帮扶,开展以家庭为单位的手工制作,以项目支撑家庭手工业,同时通过当地或周边企业家搭建对接平台,组织对接活动,通过各类渠道引进项目,为有意从事手工业的农户提供便利。

四是沙*乡的上*村属于产业配置滞后,且滞后率超过26%,分析其产业格局和资源配置综合序参量可得,在产业格局中人均产业纯收入是造成产业格局不佳的首要因素,在资源配置的短板出现在设施农用地比例和有效灌溉面积。经过实地调研发现该村全村耕地面积占比仅2.6%,设施农业用地占比10%,且呈现出每年递减的趋势,产业收入占比45%,其中核桃收入占比13%,中药材收入占比28%,养殖收入占比4%。属于太行山区,地势起伏较大,农业基础设施不完善,灌溉措施不便利。村内道路宽度较窄,道路不成体系,不能满足发展三产联动发展的需要。但该村自然环境良好,且具有一定的历史旅游资源,因此,在产业配置中可以优先配置以旅游、度假、休闲为核心的山村旅游度假和生态农业,开发系列休闲度假旅游项目和特色农业旅游景点,加大招商引资力度,推进后续产业链延伸,发展系列产品。

五是龙**镇的*胡*村属于产业配置超低水平超前,且配置率超过50%,分析其产业格局和资源配置综合序参量可得,在产业格局中产业收入占比低是造成产业格局不佳的首要因素,资源配置的短板在于耕地少,劳动力少。经过实地调研发现该村地形起伏大,90%的山体坡度在30°以上,可改造利用的土地比较少,耕地面积2.6%,其中97.5%为旱地。但该村林地面积比例较大,且该乡镇在历史上曾经是苹果产区，群众对于苹果管理具有一定基础，该村山场面积大，森林植被丰富，可耕地面积小，粮食生产比平原县地位不高，群众对于发展林果生产具有一定的认知基础，因此该村产业配置中，应首先考虑林果产业特别是苹果产业的种植及转型。因其劳动力少，因此要特别重视适宜发展低劳动力指向型农业产业，完善相应的基础条件，优化农业产业布局和种植结构，提高种植标准，加强科学技术培训，开展多层次多方位的农村技术和农业技术培训，提高广大群众的科技文化素质，为产业发展提供技术支撑。详见表6-4。

表6-4 阜平县个体案例匹配度的综合分析

所属乡镇	村名	匹配值	U_1值	U_2值	C值	T值	匹配类型
城**镇	宋*沟村	0.512	0.288	0.244	0.986	0.266	勉强匹配协调（丙级）
夏*乡	菜*村	0.491	0.205	0.210	0.986	0.224	濒临匹配失调（甲级）
王**乡	前*村	0.441	0.276	0.221	0.881	0.221	濒临匹配失调（乙级）
沙*乡	上*村	0.4	0.136	0.23	0.873	0.183	濒临匹配失调（丙级）
龙**镇	*胡*村	0.346	0.23	0.102	0.722	0.166	轻度匹配失调（乙级）

6.4 本章小结

根据前文匹配度模型计算结果得出，阜平县所辖村域的村域特征与产业配置匹配程度是不容乐观的。大部分村域的匹配度存在于0.3~0.59，介于不可接受与过渡区间范围内，只有少量村域处于0.2~0.29的中度失调区间。另外通过进一步分析发现，以勉强协调中丙类的产业格局超前型占据主导地位，涉及乡镇占过渡类区间乡镇的58.6%，其中受阻率超过10%的村域占丙级人力资源滞后型村域的25%，超过5%的村域占22%。在具体定位导致匹配失调的控制因素中发现，匹配度存在于0.4~0.49中所涉及乡镇遍布整个阜平县，所涉及村域占比最大为64.6%，这说明有2/3的村域在产业配置和村域特征的协调匹配中处于濒临失调的状态，但是在这些村域中有45.2%的村域在较好的0.47~0.499匹配度亚区的甲级，这说明所配置的产业类型超前于当地实际，这为后续产业的延伸和发展提供了资源空间，与此同时，因为产业配置的超前性，当地村域对于产业的接收程度存在挑战。

高度匹配度具有发展产业的比较优势，而产业优势是可以促进当地经济发展进而影响整个乡镇综合发展，匹配效率的高低，直接影响了产业扶贫效益，对于匹配度较高地区可以沿用产业发展路径，继续做大做强现有产业，对于匹配度不高的地区要适时调整现有产业发展方向，村域特征明显跟不上所配置的产业发展，那么势必会拖累相关产业发展。

如何准确把握村域特性，精准定位实际问题，如何全面把握驱动产业发展的因素等，这考验政策制定者在产业设立之初既要有透过现象看本质的能力，分辨各村域之间系统性差异以及产业发展的前期预判。首先，要考虑不同区域同产业以及同区域不同产业之间关联，考虑前后及旁侧产业的关联性等，探索扶贫产业之间竞合关系的产业结构、产业特征和产业关联。其次，要建立分区分片的概念，突出区域优势，体现产业区域特色，避免瓶颈产业的过早出现。注重区域特色如政策制度、当地文化、民风民情等，在千差万别中找出共同性，进一步缩小范围，使产业扶贫更加符合区域实际。最后，要考虑载体接受程度，即：村域承载能力。产业配置是一个介入过程，村域承载能力是衡量产业介入是否成功的前提条件。例如同一区域中畜牧业污染与绿色旅游业的冲突、光伏产业占地与种植业用地冲突等。这就要求在扶产业的识别之初，要有产业与产业之间、产业内部链条之间的双重考虑。

7 村域产业发展提升影响因素研究——基于结构方程模型的假设和检验

我国贫困人口大多集中在发展缓慢和边远的农村山区。据统计，目前大部分贫困农村第一产业以简单粮食生产为主，二产以产地初加工为主，三产以壮劳动力外出打工为主，特色优势产业不明显，产业呈现无序发展状态。从产业收入来看，一产效益远低于二、三产业。但从长远看，以一产带动二、三产，三产融合发展是未来我国乡村振兴发展的趋势。以农业为基础，以农民就业增收为目标，延长农业产业链和价值链为方向，融合资本、技术、人才、市场、管理等为途径，形成三产高度一体化的新型农业产业形态。

为提高产业效益，学者从多个方面探究是否对产业绩效有影响，如张华发现劳动、技术和资本是农业经济增长的重要原因[188]；乔海曙则发现农业投入增长率和农业产出的增长率是呈正向趋势发展的，投入增长率带动着农业产出增长率，投入规模大且结构合理时，农业产出较高[189]；土地资源在经济发展中占据着重要地位，也是提高产业效益的基础保障[190]；人力资本当然不可或缺，李勋来验证得出人力资本对我国农村经济增长具有正向的促进作用[191]。

7.1 结构方程模型简介

在诸多学者的不断努力下，路径分析（Path Analysis）和因子分析（Factor Analysis）两种方法得到不断地研究与发展，并在两种理论的基础上，形成了一种用于研究自变量对因变量路径影响关系的统计研究方法，即结构方程模型（Structural Equation Modeling，SEM），也被称作线性结构方程（Linear Structural Equation，LSE）以及协方差结构模型（Covariance Structure Modeling，CSM）。这种方法最早在20世纪70年代由瑞士学者Karl G. Joreskog提出的一种验证性因子分析的研究方法，可以验证分析已经构建的理论模型的科学性和合理性。结构方程模型具备了众多传统研究方法不具备的优势，能够同时验证多个变量间的影响关系，并允许变量存在测试误差，在多个领域得到了广泛的关注和使用。

结构方程模型的核心内容一个是利用协方差矩阵探究变量间的线性关系，另一个是利用理论模型与样本数据间的差异性大小来检测模型的适配度。前者用测量模型进行检验，后者用结构模型进行分析，这也是结构方程模型的重要组成部分。测量模型用方程式 $X = \Lambda_x \xi + \delta$，$Y = \Lambda_y \eta + \varepsilon$ 来检验潜在变量与观测变量的线性关系，结构模型通过方程式 $\eta = B\eta + \Gamma\xi + \zeta$ 来检测变量间的关系。潜在变量，就是存在的且不易被直接观测的变量，需要通过观测变量进行测量，潜在变量可分为外在潜变量和内生潜变量，观测变量是指直接可以进行测量的变量。外在潜变量用 ξ 表示，其观测指标用 X 表示，X 在 ξ 上的因子负荷矩阵用 Λ_x 表示；内生潜变量用 η 表示，其观测指标用 Y 表示，Y 在 η 的因子负荷矩阵用 Λ_y 表示，内生潜变量系数阵为 B，外生潜变量系数阵为 Γ，随机误差用 ζ 表示。

7.2 指标选择和研究假设

7.2.1 指标选择依据

7.2.1.1 土地特征

各国学者对如何提高农业效益做出了诸多研究，土地资源便是不可忽视的一部分，并在经济发展中占据着重要地位。在现代市场经济条件下，土地利用变化与经济发展存在十分密切的关系。经济发展以土地资源为重要依托，产业的发展必须以一定数量的土地资源为载体。确保农作物生产力就要以一定的耕地数量和耕地质量为基础保障[192]。

7.2.1.2 人力资源特征

随着科学技术的不断发展，机械化和产业化使得中国的农业得以高速发展，大大提高了农业的产出规模，但随着二、三产业的不断发展以及城镇化进程的加快，农村劳动力逐步向城市流动，对农业的增长产生负向影响[193]，但人力资本一直是影响产业效益的重要因素。

大卫·李嘉图在《政治经济学与赋税原理》中提出经济增长的源泉是劳动力数量的增加和劳动生产率的提高，可见劳动力的数量和受教育程度对经济增长起到的重要作用。从事第一产业的劳动年龄人口的数量是影响产业绩效的重要因素。陈锡文等使用计量方法定量研究了中国农村劳动人口对农业产出的影响，分析得出农村老年人口比重提高与劳动力转移对农业产出产生显著副作用[194]。而与劳动人口数量转移相比，适龄劳动人口受教育程度低是制约农业发展的又一重要原因。劳动力平均受教育年限越多，对农业经济发展越有利[195]，而家庭收入亦是产业效益的表现形式之一[196]。

7.2.1.3 基础设施投资

交通等基础设施的配备可以带动农业效益的提高，为农业发展提供更多的便利和更好的服务。温远豪等认为农业政策、产业结构优化及基础设施的完善可以提高农民收入，促进农业发展[196]；Binswanger 研究表明印度的基础设施投入对农业生产有积极影响[197]。Ant1e.J.M 利用单方程生产函数，证实农业基础设施和科研投入能够降低农业生产成本和提高农民收入，从而提高第一产业效率[198]。

7.2.1.4 科学技术

科学技术一直是促进产业发展的重要影响因素，农业发展也是如此。研究认为农业产出的增长应归于农业科技的投入[199]；韩作生通过建立 VAR 模型得出科技对农业经济的促进作用要远高于其他，甚至高于物质资本，可见科学技术的重要作用[200]。

7.2.1.5 农业投资

随着经济的快速发展，很多学者认识到投资特别是针对农业上薄弱环节的投资行为，会对农业及其相关产业的发展有着极其重要的作用。乔海曙发现农业投入增长率和农业产出的增长率是呈正向趋势发展的，而且投入增长率和产出增长率越来越接近，通过实证分析发现中国的投入增长率推动农业产出增长率的增长，投入规模大且结构合理时，农业产出也高，投入比较低时，农业产出也降低[189]。持续稳定地增加农业基本建设的投入有利于农业经济稳定、健康、持续的发展[201]。

7.2.1.6 产业效益

产业效益评价指标包含众多，有学者从多个角度评价产业效益。如张滨丽等人从经济效益、社会效益和生态效益三个方面评价产业效益[202]。也有学者只用经济效益指标来表示产业效益，如王小莉等人选取农业生产总值，农村人均纯收入和农产品生产价格指数来表示产业效益[203]。由于本书重在研究如何提高产业效益实现脱贫的目标，经济效益就显得尤为重要。

7.2.2 指标的确立

结合文献研究从阜平县研究区域的土地利用、人力资源、基础设施、科技支出、投资等方面选取了 38 个指标。建立 Logistics 回归模型，对选取的 38 个指标进行因子分析，筛选出影响产业效益的关键因子并进行维度划分，通过对关键影响因素指标的筛选来保证指标的科学性和合理性，最终筛选出17个指标。将筛选出的17个指标进行归类，分为4个维度，分别定义为土地资源、人力特征、基础设施、投资强度。并将其作为影响产业效益的潜变量，用结构方程模型进行检验分析。"土地资源（TD）"潜在变量表示阜平县各个村域的土地及耕地情况，包含5个指标（耕地面积比例、设施农用地比例、粮食作物面积比例、经济作物面积比例、有效灌溉面积比例）；用"人力特征（RZ）"潜在变量表示阜平县各个村域的劳动力情况，包括6个指标（劳动力占比、劳动力文盲率占比、初中以上劳动力占比、从事第一产业为主的农户数、从事第二、三产业为主的农户数、劳动力失业率）；用"基础设施（JS）"潜在变量表示阜平县各个村域的交通、农田水利和教育情况，包括3个指标（交通基础设施、农田水利设施、教育基础设施）；用"投资强度（TQ）"潜在变量表示阜平县各个村域的种植业和村民自主投资强度，包括3个指标（劳动力再就业投资强度、村域主导产业投资强度、土地利用投资强度）。对于"产业效益（CX）"潜在变量，设计测度指标共3个，包括人均纯收入和一、二、三产业收入占总收入比重。具体内容如表7-1所示。

表7-1 潜变量与测量变量

潜变量	测量变量	指标解释（单位）
土地资源（TD）	耕地面积比例（TD_1）	村耕地面积占村土地总面积比例（%）
	设施农用地比例（TD_2）	村设施农用地占村总农用地比例（%）
	粮食作物面积比例（TD_3）	村粮食作物面积占村耕地面积比例（%）
	经济作物面积比例（TD_4）	村经济作物面积占村耕地面积比例（%）
	有效灌溉面积比例（TD_5）	村有效灌溉面积（亩）
人力特征（RZ）	劳动力占比（RZ_1）	村劳动力人口占村人口总数比重（%）
	劳动力文盲率占比（RZ_2）	劳动力中文盲人数占劳动力总数比重（%）
	初中以上劳动力占比（RZ_3）	初中以上劳动力占劳动力总数比重（%）
	从事第一产业为主的农户数（RZ_4）	从事第一产业为主的农户数（人）
	从事第二、三产业为主的农户数（RZ_5）	从事第二、三产业为主的农户数（人）
	劳动力失业率（RZ_6）	失业劳动力占总劳动力比重（%）
基础设施（JS）	交通基础设施（JS_1）	用于村交通基础设施投资（万元）
	农田水利设施（JS_2）	用于村农田水利设施投资（万元）
	教育基础设施（JS_3）	用于村教育基础设施投资（万元）

（续表）

潜变量	测量变量	指标解释（单位）
投资强度（TQ）	劳动力再就业投资强度（TQ_1） 村域主导产业投资强度（TQ_2） 土地利用投资强度（TQ_3）	用于劳动力再就业投资强度（万元） 用于发展村产业投资强度（万元） 土地利用改造投资强度（万元）
产业效益（CX）	人均纯收入（CX_1） 第一产业收入占总收入比重量（CX_2） 第二、三产业收入占总收入比重（CX_3）	村人口纯收入平均值（万元） 村第一产业占村总收入比重（%） 村二、三产业占村总收入比重（%）

资料来源：调研数据、遥感影像数据，以及2013—2017年《阜平县统计年鉴》。

7.2.3 数据来源

指标数据主要为阜平县全县209个村的遥感影像数据、土地利用数据、环境资源数据、地质灾害数据、社会经济数据、产业发展数据以及贫困数据。统计资料、调研数据来源详见第6章。

7.2.4 研究假设

从阜平县产业效益的角度来看，阜平县的土地资源、人力特征、基础设施、投资强度可能会对产业效益产生影响，这种影响可能是直接的也可能是间接的，可能是正向也可能存在负向，但是，是否存在因素之间的相互作用呢，也就是说一种因素通过其他因素的介质作用对产业效益产生了某些影响。

首先，土地特征中的耕地面积比例、有效灌溉面积等特征都对产业效益中的人均纯收入、三产收入占总收入比重产生影响，而且土地特征中的耕地面积比例和设施农用地比例等特征决定了土地利用投资强度和主导产业投资强度，从而影响阜平县村域的人均纯收入、三产收入占总收入的比重。因此可得假设 H_1 和 H_2。

H_1："土地资源（TD）"对"产业效益（CX）"有显著的直接影响。

H_2："土地资源（TD）"通过"投资强度（TQ）"对"产业效益（CX）"有显著的间接影响。

其次，人力特征中劳动力占比、初中以上劳动力占比和从事三产的农民数等特征对产业效益中的产业收入占总收入比重等因素产生影响，而且人力特征中劳动力占比、初中以上劳动力占比等特征决定了劳动力再就业投资强度、村域主导产业投资强度、土地利用投资强度，从而影响阜平县村域的人均纯收入、三产收入占总收入的比重。

H_3："人力特征（RZ）"对"产业效益（CX）"有显著的直接影响。

H_4："人力特征（RZ）"通过"投资强度（TQ）"对"产业效益（CX）"有显著的间接影响。

基础设施中的交通基础设施对产业效益中的产业吸引力产生直接影响，教育基础设施对人均纯收入特征产生直接影响；交通基础设施系数和教育基础设施影响人力资源中的劳动力占比、初中以上劳动力等，从而进一步影响阜平县村域的人均产业收入、三产收入占总收入的比重。

H_5："基础设施（JS）"对"产业效益（CX）"有显著的直接影响。

H_6："基础设施（JS）"通过"人力特征（RZ）"对"产业效益（CX）"有显著的间接影响。

最后，劳动力再就业投资强度、村域主导产业投资强度、土地利用投资强度对产业效益中的人均纯收入和三产收入占总收入比重产业直接影响。

H_7："投资强度（TQ）"对"产业效益（CX）"有显著的直接影响。

根据对已有文献的分析及提出变量之间的假设关系，构建本书的概念模型。概念模型清晰地描绘了土地特征、人力特征、基础设施以及投资强度对产业效益的影响关系。详见图7-1。

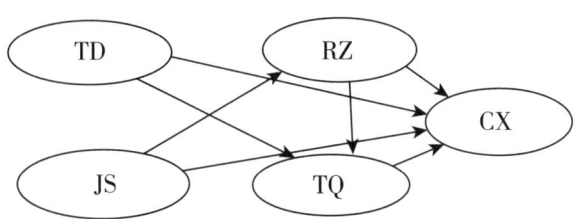

图7-1 产业效益行为关键影响因素路径的概念模型

7.3 模型检验和实证分析

7.3.1 模型检验运算

（1）模型检验

为了检验阜平县脱贫各影响因素数据的一致性和差异性，借助SPSS 25.0软件计算数据的信度以及效度值。采用克朗巴哈（*Cronbach's α*）信度系数进行检验，由表 7-2 可知，总量表和各分量表信度检验的 Cronbach's α 系数值均大于 0.70，表明量表的信度检验结果较好。由表 7-3 可知，效度检验的 KMO 统计量值均大于 0.75，表明指标分类是合理的，因此可以用该数据进行结构方程模型分析。详见表 7-2、表 7-3。

表 7-2　量表的信度检验结果

变量	题项	删除项后的 Cronbach's α	Cronbach's α	题项数
土地特征（TD）	TD_1	0.803 6	0.821 7	5
	TD_2	0.793 4		
	TD_3	0.816 4		
	TD_4	0.819 7		
	TD_5	0.807 5		
人力特征（RZ）	RZ_1	0.822 7	0.844 5	6
	RZ_2	0.825 1		
	RZ_3	0.834 0		
	RZ_4	0.817 9		
	RZ_5	0.806 2		
	RZ_6	0.837 8		
基础设施（JS）	JS_1	0.774 1	0.831 1	3
	JS_2	0.795 6		
	JS_3	0.817 5		
投资强度（TQ）	TQ_1	0.782 9	0.863 8	3
	TQ_2	0.822 4		
	TQ_3	0.846 3		
产业效益（CX）	CX_1	0.841 2	0.879 3	3
	CX_2	0.857 3		
	CX_3	0.864 9		

表 7-3　KMO 和巴特利特检验结果

KMO 取样适切性量数		0.801
巴特利特球形度检验	近似卡方	1 153.286
	自由度	190
	显著性	0.000

7 村域产业发展提升影响因素研究——基于结构方程模型的假设和检验

运用 AMOS 17.0 软件绘制产业效益影响因素间的初始路径图，并进行初始拟合，之后对测量模型进行检验，待所有测量模型均具备了合理性之后，在对结构模型进行参数估计。首先进行测量模型检验，即检验潜变量与测量变量的从属关系，在下一步的模型修正中，"土地特征"潜变量中的 TD_1，"人力资源"潜变量中的 RZ_2、RZ_4、RZ_6 的指标的标准化系数分别为 0.42、0.31、0.47、0.24，均小于标准化载荷系数的最小值 0.5。

然后进行结构模型参数估计，即验证潜变量间的路径关系是否合理。本书选择的显著性水平为 0.05，当路径系数的显著性检验结果 P 值大于 α 时，对应的路径应考虑删除。因此，JS（基础设施）、RZ（人力资源）对应的 P 值为 0.14，未达到统计显著性，应做删除处理。运用 AMOS 17.0 软件对修正后的模型重新运行和识别，输出标准化路径系数及模型拟合效果图（图 7-2）。

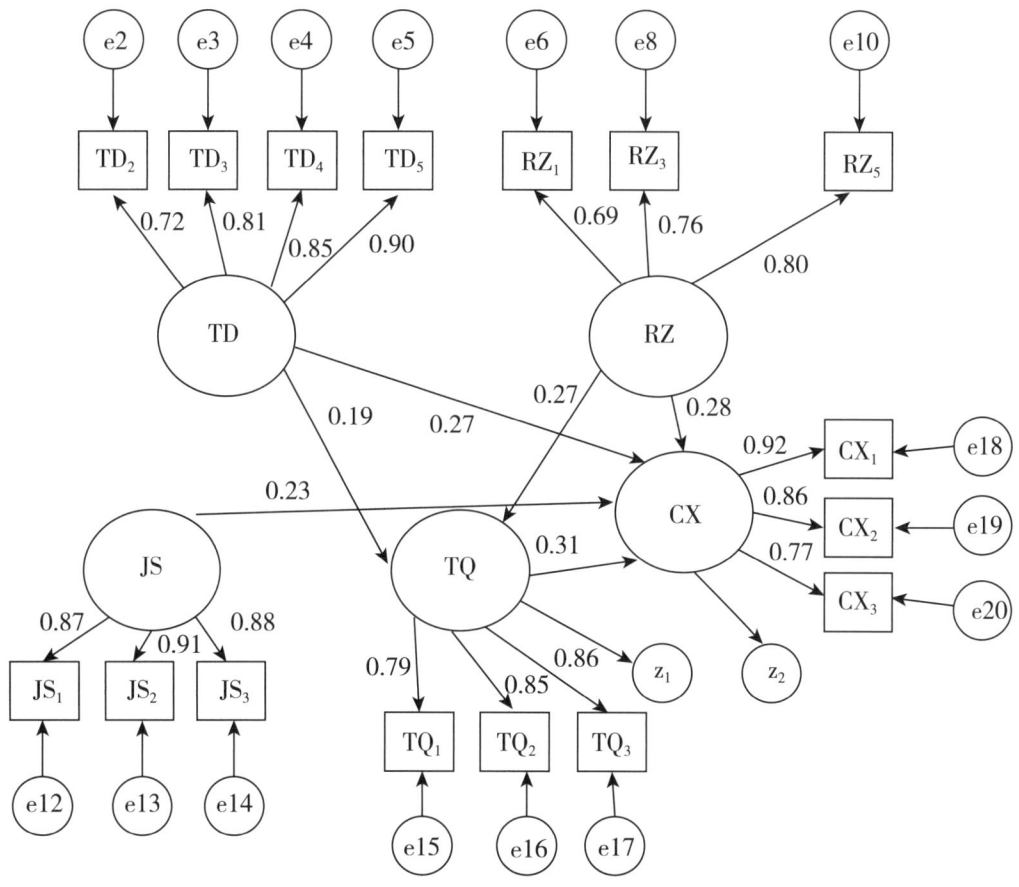

图 7-2 结构方程模型拟合效果

修正后模型的各项拟合指数均在可接受范围内，参数估计结果表明模型拟合效果良好。详见表7-4。

表7-4 模型拟合指数

指数名称	χ^2/df 值	GIF 值	RMSEA 值	CFI 值	NFI 值
检验结构	4.192 (2~5)	0.871 (>0.85)	0.095 (<0.10)	0.933 (>0.90)	0.846 (>0.80)

（2）研究假设的检验结果

由拟合结果可以看出，理论模型与实际样本契合度较好。除 H_6 不成立，其余假设均成立。详见表7-5。

表7-5 研究假设检验结果

原假设	变量关系	直接效应	间接效应	总效应	检验结果
H_1	$TD \rightarrow CX$	0.27	—	0.46	成立
H_2	$TD \rightarrow TQ \rightarrow CX$	—	0.19		成立
H_3	$RZ \rightarrow CX$	0.28	—	0.11	成立
H_4	$RZ \rightarrow TQ \rightarrow CX$	-0.17			
H_5	$JS \rightarrow CX$	0.23	-0.064	0.164	成立
H_6	$JS \rightarrow RZ \rightarrow CX$	—	0		不成立
H_7	$TQ \rightarrow CX$	0.31	—	0.31	成立

7.3.2 实证分析

假设 H_1 的检验结果表明土地特征对产业效益行为有显著的直接影响，这与张士功[204]的研究结果一致。土地特征的测量变量对其影响大小表明有效灌溉面积、设施农用地比例、经济作物面积以及作物总播种面积能够对产业效益产生影响且影响关系逐步减小。这是因为同等条件下，有效灌溉面积越大、作物总播种面积越大以及设施农用地比例越高，产业效益中的第一产业占总产业的收入和人均产业收入越大。

假设 H_2 的检验结果表明土地特征可以通过投资强度对产业效益行为产生显著的间接影响；这是因为土地特征中的耕地面积和设施农用地的大小等特征对土地利

7 村域产业发展提升影响因素研究——基于结构方程模型的假设和检验

用投资强度和村域主导产业投资有影响,继而影响产业效益。

假设 H_3 的结果表明人力资源特征对产业效益行为有显著的直接影响,进一步验证了陈锡文[205]、乐章[206]等的研究。从事第一产业的劳动力数量和劳动力受教育程度对产业绩效的提升具有重要影响,另外人力资源特征的测量变量对其的影响大小表明贫困人口占人口的比例同样对产业效益有影响。

假设 H_4 的结果表明人力资源特征能够通过投资强度特征对产业效益行为产业显著的间接影响,这是因为人力资源特征中劳动力占比、初中以上劳动力占比等特征可以影响劳动力再就业投资强度、村域主导产业投资强度、土地利用投资强度,从而影响阜平县村域的人均产业纯收入、三产收入占总收入的比重。

假设 H_5 结果表明基础设施对产业效应行为有显著的直接影响,其测量变量的影响关系大小表明产业基础设施的配备、技术水平以及劳动力的流失对产业效益存在直接关系。这是因为基础设施配备越完善、技术水平越高以及劳动力流失越少,产业收入则越高,产业效益也就越好。

假设 H_6 结果表明基础设施对人力资源特征的影响不明显,这可能是因为交通基础设施、农田水利设施、教育基础设施几乎不影响人力资源特征。

假设 H_7 结果表明投资强度特征对产业效益行为有显著的直接影响;所对应的 3 个测量变量对投资强度潜变量的影响关系表明劳动力再就业投资强度、村域主导产业投资强度、土地利用投资强度对产业效益有显著影响。这是因为投资强度中的劳动力再就业投资强度、村域主导产业投资强度、土地利用投资强度能直接影响产业效益中的人均产业纯收入和三产收入占总收入比重产业。乔海曙等人的研究早已证实了这一点[189]。

7.4 本章小结

4 个影响因素对产业效益的影响都是正向的,且各因素的影响大小依次为土地特征、投资强度、基础设施、人力资源特征因素,其总效应分别为 0.46、0.31、0.164、0.11。且土地特征、人力资源特征通过投资强度特征对产业效益行为产生显著的间接影响;基础设施未通过人力资源特征对产业效益行为产生显著的间接影响。

对土地特征潜变量的影响大小依次为有效灌溉面积(TD_5)、设施农用地比例(TD_4)、经济作物面积比例(TD_3)、粮食作物面积比例(TD_2),即 0.90＞

0.85＞0.81＞0.72。这表明，有效灌溉面积大小、设施农作物比例大小、经济作物面积大小、粮食作物面积大小影响着产业效益的决策。一般来说，有效灌溉面积越大，产业效益中的第一产业占总产业的收入和人均产业收入越大。

对人力资源潜变量的影响大小依次为从事第二、三产业为主的农户数（RZ_5）、初中以上劳动力占比（RZ_3）、劳动力占比（RZ_1），即 0.80＞0.76＞0.69。这表明，第二、三产业为主的农户数、初中以上劳动力占比、劳动力占比大小影响产业效益的决策。

对压力潜变量的影响大小依次为农田水利设施（JS_2）、教育基础设施（JS_3）、交通基础设施（JS_1），即 0.91＞0.88＞0.87。这表明，农田水利设施的投资、教育基础设施投资、交通基础设施压力系数的大小影响产业效益的决策。

对投资强度潜变量的影响大小依次为土地利用投资强度（TQ_3）、村域主导产业投资强度（TQ_2）、劳动力再就业投资强度（TQ_1），即 0.86＞0.85＞0.79。这表明，土地利用投资强度大小、村域主导产业投资强度大小、劳动力再就业投资强度大小影响产业效益的决策。

因此，研究区域在产业配置和发展中，首先要大力增设灌溉条件及相应设备，增加有效灌溉面积，增大设施农业的比重、经济作物比重和粮食作物比重，可以采取增加水面截留设备，如橡胶坝等，增加水利设施，加强灌溉条件。同时要增加土地可利用面积，突出主导产业优势，划拨优势主导产业带，在人员培训、技术研发、金融投资、产品营销、交通设施等方面下力度。在产业发展中要加大投资力度，如农田水利设施的投资、教育基础设施投资、交通基础设施投资。按习近平总书记要求，挖"穷根"精准发力，下"绣花功夫"治贫困顽症，突出微域的概念，制定微域产业规划，一村一张规划图，产业落到地块；一村一本规划书，明确产业定位和实施方案；一户一张明白表，精准到户。进而明晰乡镇级发展项目，提出产业项目化发展建设的实施方案。

8　对策建议

随着2020年脱贫攻坚战取得全面胜利，绝对贫困被消除，我国进入了实施乡村振兴战略的新阶段。如何守住现有反贫成果，防止出现大规模返贫风险，精确识别、精准匹配、精细化管理，培养人才、增加村集体收入等手段，可能是巩固脱贫攻坚成果同乡村振兴有效衔接的关键衔接点。

8.1 精确识别村域发展弱项，实施"一村多策"

根据习近平总书记针对扶贫工作的指示精神"实事求是，因地制宜，分类指导，精准扶贫"，以村域为研究单位，在范围内分区域开展，因地制宜，精准施策，实施区域差异化发展战略，是村域扶贫开发中至关重要的策略手段。即使以面积并不大的村域范围为基础单位，依然要考虑贫困成因的复杂性与层次性，在结合村域实际进行问题发掘的基础上精准施策，分区域进行扶贫工作，实行"一村多策"。

首先，精准施策的前期准备工作。毛泽东同志曾经说过，"没有调查就没有发言权"，事实调查是开展工作前对现实掌握以及未来预测最有力也是最有效的研究方法。由村内的带头人和研究扶贫政策的专家作为领导，组建工作小组，调研过程中最好形成固定团队，所涉及调研人员最好是具备相关学科领域背景，且具有一定的调研经验，团队是一个整体，统一指挥，分工负责，在统一要求、统一方法、统一步骤的基础上，发挥调研团队各个成员的技术特长、专业优势，同时团队之间、人员之间还要适时调度，及时交流，取长补短，力求完美。在调研方法上，不能简单发放调研问卷、调研表，而应该掌握多种方式方法，能够聆听调研对象的心声和"弦外之音"。将村域内外环境，发展现状，形势优劣以及发展意愿等信息进行整合，建立起村域信息网络。在前期准备工作当中，积极鼓励农户的参与。在村域现状及发展意愿的方面，村内农户的信息及意愿在很大程度上影响着后续策略的制定与进行。在充分的信息调查基础上，梳理村内资源，明确发展目标，是精准施策，脱贫致富的先决条件。

其次，在贴合村域的自然资源和社会经济的实际，紧跟中央农业供给侧结构性改革的方针政策，从县域经济给予村域发展的定位出发，融入市场，在村域信息网络整合的前提下，将村域范围按照具体的资源条件现状以及发展方向进行分区规划，精准施策。对有条件发展的区域，无论是农林产业、旅游产业还是电商等产业，鼓励实现产业脱贫；对生存环境恶劣，已经不能满足人们生存基本需求的贫困区域，施行易地搬迁，使其脱离缺乏生存条件的区域，从而实现脱贫；而针对特殊困难群体和弱势群体,通过兜底保障措施,使其基本生活得到保障,从而实现脱贫。"一村多策"在扶贫致富实际工作中,对不同人群和区域的发展起到了正向作用,同时有助于村域整体扶贫开发活动的进行。

最后,在明确村域资源以及发展目标的基础上,制定扶贫策略并实施,对资源进行梳理,掌握村域实际,实行"一村多策"扶贫开发策略,同时也要关注后续的发展情况,确保乡村地区脱贫工作的长期可持续发展。因人因地施策,无论是在国家整体脱贫攻坚布局下还是在村域范围内,都是提高减贫成效和战胜贫困的重要措施。在全面人口与资源的调查基础上,结合实际,实施区域差异性发展,是摆脱贫困和致富的重要工具和方式。

8.2 加大村域扶志扶智力度,增强村域产业发展内生动力

首先,从思想观念和信心上改变农户。政府要树立起高度的责任意识,多谋划多宣传多走动,改变农户思想意识。由农户被动减贫转变为主动致富,由"等、拿、靠"等思想和意识转变为"干、拼、博"的思想和意识,增强农户通过自身发展实现产业致富的信心。

其次,从知识文化和技术上改变农户。做好产业技术指导服务,深入了解农户在致富产业缺少和急需的知识和技术,通过邀请专家讲座和技术指导、编写技术指导册、电视、网络、微信等多途径多方式,增强农户技术水平;带领农户走出阜平,走进全国,学习取经,让科技武装农户头脑,让农户看到不一样的农业,增加阜平农业的科技经济。

8.3 精准匹配村域产业,实现村域产业的可持续性

(1) 立足自身优势,明确发展方向,打造绿色安全的产品生产基地

最大限度发挥资源禀赋的优势,因地制宜、精准打造扶贫产业,形成"优势特色产业区",依托特色农产品、休闲农业、旅游景区、特色村寨、度假康养等多种模式,提升产业带动能力,增加农村劳动力就业,促进农民脱贫致富。山区以发展特色主导产业转型升级,要重点突出其以下优势:一是管理优势,以周年、优质、

高效、生态为目标，形成"六位一体（政府+金融+科技+企业+基地+农户）、六统一分"的运营模式，降低生产成本和市场风险，减轻农民负担；二是种植优势，以户为单元精细管理，配套一流栽培设施，可有效提升优质产品产出率，实现农民效益最大化；三是环境优势，山区生态环境优良，原料资源丰富，昼夜温差大，适宜优质产品的培育生产。

（2）科学规划引领，政策扶持支撑，多措并举推动产业发展

在借鉴同类型地区成熟经验的基础上，制定出台一系列扶持政策，激励产业健康快速发展。如达到一定规模的企业、合作社入驻，给予配备相应的水、电、路基础设施配套；给予大型企业一定金额的资金补贴等。同时聘请省内外知名专家，开展全方位、多层次的技术培训，做好产业发展的规划指导工作。从产品源头抓起，严把质量关，打造知名自有品牌，结合网络、报纸、传媒，创新形式，扩大宣传，提高品牌的知名度。

（3）延伸产业链条，加速产业融合，在提高产品附加值的基础上激发产业活力

首先，要壮大一产，大力发展种植业。按照绿色、节能、环保、循环经济要求，严格生产环节，科学管理。其次，要扩张二产，加速发展产品的物流、仓储、加工、包装。建保鲜库，使保鲜储存能力达千余吨，在上海、深圳等一线城市设立直销窗口，与京东商城、北国超市等销售商建立了购销售关系，鲜品畅销各地。放眼三产，依托特色产业的采摘、休闲、观光、旅游、餐饮等增长迅速，提升了产品附加值。

8.4 培育产业发展带头人，加强农户的培训和指导

加强农业技术储备和人才支撑方面建设，在推动产业发展中引进人才，建立技术团队，与科研院校进行对接获取支持，比如食用菌产业的菌种研发、制备，废弃菌棒的资源化利用等方面。根据产业规划用工需求和农民自身特点，通过农民夜校、发放明白纸等方式，组织进行食用菌种植、果蔬管理、箱包加工等实操技术和就业技能培训，提升创业就业能力，使有劳动能力的农户熟练掌握产业就业技能一项以上。

8.5 加强村级经济服务组织建设，服务产业发展的需求

基于目前阜平县产业发展还处于起步阶段，规模小、抵御市场风险的能力较

弱，尚未形成覆盖全体农户、支撑稳定脱贫的产业体系的现实。以农业科技为支撑，大力扶持农业合作组织和行业协会。作为新时期农业技术推广的重要方式之一，由合作组织和行业协会负责产前、产中、产后，行业协会由有经济实力的企业或经纪人领办，政府给予政策扶持和一定额度的启动经费支持。基本实现农合组织、行业协会对主导产品和优势产业的全覆盖。在产业经营中，重点解决贫困户如何取得产业扶贫收益，让更多农户以合适的方式参与到产业经营中来，共享发展收益。根据产业资源分布、产业发展模式和产业经济现状，探索产业扶贫的针对性模式。随着新农村的集中建设，偏远山区农户生态搬迁后，土地资源管理需要变更体制和机制。按照产业化经营理念，成立农业服务公司，通过托管，对土地实行专业化、机械化管理，农户分享租金。带动贫困户从事产业经营、劳动用工和发展特色商品加工等，逐步形成多样化的产业扶贫新模式、新途径，让更多贫困农户受益。

参考文献

[1] 史蒂文·N. 杜尔劳夫, 劳伦斯·E. 布卢姆. 新帕尔格雷夫经济学大辞典 [M]. 2版. 北京: 经济科学出版社, 2018: 15-20.

[2] CHRIS ELBERS, TOMOKI FUJIIC. Poverty alleviation through geographic targeting: How much does disaggregation help [J]. Journal of Development Economics, 2007 (5): 198-213.

[3] JOHN WEISS. Poverty targeting in Asia: Experiences from India, Indonesia, the Philippines, People's Republic of China and Thailand [J]. Research Policy Brief, 2003 (9): 24-49.

[4] 汪为, 吴海涛, 郑家喜. 城乡家庭多维贫困测度及影响因素研究: 来自内蒙古的证据 [J]. 干旱区资源与环境, 2018, 7 (32): 23-29.

[5] 于敏. 贫困县农户动态贫困实证研究: 以内蒙古自治区、甘肃省贫困县为例 [J]. 华南农业大学学报 (社会科学版), 2011, 2 (10): 57-65.

[6] SHAHE E M, ZHAO YANGHOU. Access to markets and rural poverty: Evidence from household consumption in China [J]. Economics and Statistics, 2013, 95 (2): 682-697.

[7] 汪三贵, 王姮, 王萍萍, 等. 中国农村贫困家庭的识别 [J]. 农业技术经济, 2007 (1): 20-31.

[8] 邓维杰. 精准扶贫的难点、对策与路径选择 [J]. 农村经济, 2014 (6): 78-81.

[9] 黄承伟, 覃志敏. 论精准扶贫与国家扶贫治理体系建构 [J]. 中国延安干部学院学报, 2015, 8 (1): 131-136.

[10] 韩莹, 郑祥江. 精准扶贫视角下贫困农户识别问题研究 [J]. 安徽农业科学, 2018, 46 (15): 198-200, 224.

[11] 葛志军, 邢成举. 精准扶贫: 内涵、实践困境及其原因阐释 [J]. 贵州社会科学, 2015 (5): 14-21.

[12] 汪三贵, 郭子豪. 论中国的精准扶贫 [J]. 贵州社会科学, 2015 (5): 16-21.

[13] AMARTYA SEN. Poverty and famines an essay on entitlement and deprivation [M]. New York: Oxford University Press, 1981: 16-17.

[14] 张昭, 吴丹萍. 多维视角下贫困的识别、追踪及分解研究: 基于中国家庭追踪调查 (CFPS) 数据 [J]. 华中农业大学学报 (社会科学版), 2018 (3): 90-99.

[15] 叶初升, 王红霞. 多维贫困及其度量研究的最新进展: 问题与方法 [J]. 湖北经济学院学报, 2010, 8 (6): 5-11.

[16] 潘竟虎, 赵宏宇, 董磊磊, 等. 基于 DMSP-OLS 数据和可持续生计的中国农村多维贫困空间识别 [J]. 生态学报, 2018, 38 (17): 1-14.

[17] 孙慧, 欧娜. 基于灰色聚类分析的新疆优势产业识别 [J]. 商业研究, 2011 (7): 42-46.

[18] 吕秋菊. 改革开放 40 年山核桃产业发展阶段识别: 基于产业生命周期视角 [J]. 江西农业学报, 2018, 30 (11): 115-119.

[19] 陈效珍. 基于产业关联强度识别关键产业: 根据虚拟消去法 (HEM) 以鲁苏粤三省为例 [J]. 经济问题探索, 2015 (2): 40-45.

[20] 韩莹. 农村精准扶贫中贫困户识别问题研究: 以绵阳市 7 个县市区为例 [D]. 绵阳: 西南科技大学, 2018: 35-50.

[21] 池振合, 杨宜勇. 贫困线研究综述 [J]. 经济理论与经济管理, 2012 (7): 54-64.

[22] 陈宗胜, 沈扬扬, 周云波. 中国农村贫困状况的绝对与相对变动: 兼论相对贫困线的设定 [J]. 管理世界 (月刊), 2013 (1): 67-76.

[23] 段美枝. 中国农村贫困线分析及贫困规模测算 [J]. 内蒙古财经大学学报, 2015, 13 (2): 15-19.

[24] 祝梅娟. 贫困线测算方法的最优选择 [J]. 经济问题探索, 2003 (6): 39-44.

[25] 刘建平. 贫困线测定方法研究 [J]. 山西财经大学学报, 2003, 25 (4): 60-62.

[26] 王翠翠, 夏春萍, 蔡轶, 等. 几种贫困线测算方法的比较分析与选择 [J]. 新疆农垦经济, 2018 (4): 79-85.

[27] 刘伟平, 王震. 基于修正恩格尔系数的农村贫困线测定 [J]. 农业经济与管理, 2015 (5): 63-69.

[28] 吴本健. 新型农村合作医疗制度对贫困缓解的作用: 基于收入和热量贫困线的比较分析 [J]. 社会保障评论, 2018, 2 (2): 55-70.

[29] 王荣党. 农村贫困线的测度与优化 [J]. 华东经济管理, 2006, 20 (3): 42-47.

[30] 董晓波, 袁媛, 杨立雄, 等. 李学林英国贫困线发展研究 [J]. 世界农业, 2016 (9): 174-178.

[31] 西蒙·阿普顿, 夏庆杰. 如何确定贫困线对时间和空间的敏感度 [J]. 社会科学战线, 2017（1）：243-259.

[32] 王荣党. 贫困线经典定义的百年演变特质与内核 [J]. 贵州社会科学, 2017（1）：137-143.

[33] 李力, 欧涉远, 李霞. 对农村贫困线及贫困发生率的反思：基于国家统计局和民政部的数据 [J]. 宏观经济研究, 2012（8）：54-61.

[34] 王浩. "社会化小农"理论视角下对我国农村贫困线测定方法的思考：以河南省农村居民生活消费支出为例 [J]. 北京教育学院学报, 2013, 27（3）：31-34.

[35] 冯艳. 区域贫困测度、识别与反贫困路径选择研究 [D]. 沈阳：辽宁大学, 2015：15-18.

[36] 李宝山. 基于收入和支出识别测量贫困的差异研究 [J]. 调研世界, 2018（4）：61-65.

[37] 张昭, 杨澄宇, 袁强. 收入导向型多维贫困测度的稳健性与敏感性 [J]. 劳动经济研究, 2016, 4（5）：3-23.

[38] 许邈. 河北省农村贫困家庭精准识别问题的调查研究 [D]. 北京：首都经济贸易大学, 2017：16-30.

[39] 高明, 唐丽霞. 多维贫困的精准识别：基于修正的 FGT 多维贫困测量方法 [J]. 经济评论, 2018（2）：48-49.

[40] 王小林, Sabina Alkire. 中国多维贫困测量：估计和政策含义 [J]. 中国农村经济, 2009（12）：4-23.

[41] 葛岩, 吴海霞, 陈利斯. 儿童长期多维贫困、动态性与致贫因素 [J]. 财贸经济, 2018（7）：18-33.

[42] 张赟. 多维视角下的贫困群体的实证分析：以贫困儿童和流动妇女为样本 [J]. 经济问题, 2018（6）：64-69.

[43] GALE D, SHAPLEY L S. College admissions and the stability of marriage [J]. The American Mathematical Monthly, 1962, 69（1）：9-15.

[44] ROTHA E, ROTHBLUM U G, et al. Stable matchings, optimal assignments, and linear programming [J]. Mathematics of Operations Research, 1993, 18（4）：803-828.

[45] 阮拥英. 基于双边匹配理论的创投机构与创业企业投融资匹配研究 [D]. 重庆：重庆大学, 2016：20-33.

[46] 贺小容. 基于模糊多属性决策的人岗匹配方法及应用研究 [D]. 南京: 东南大学, 2017: 60-73.

[47] 袁君霞. 动态能力视角下中国时尚品企业需求链匹配能力研究 [D]. 上海: 上海大学, 2018: 77-90.

[48] 钱力, 倪修凤, 宋俊秀. 连片特困区精准扶贫多维绩效模糊评价: 以安徽省大别山区为例 [J]. 华东经济管理, 2018, 32 (3): 22-27.

[49] 王美英. 凉山连片特困地区弱势群体的精准脱贫现实困境与对策研究 [J]. 西南民族大学学报 (人文社会科学版), 2017 (11): 66-77.

[50] 方菲, 吴志华. 双重脱嵌: 精准扶贫政策的基层实践困境解析: 基于湖北省 X 镇的调查 [J]. 学习与实践, 2019 (1): 12-19.

[51] 刘七军, 李昭楠. 精准扶贫视角下连片特困区贫困农户自我发展能力提升研究 [J]. 北方民族大学学报 (哲学社会科学版), 2016 (4): 107-110.

[52] 杨志恒, 黄秋昊, 等. 产业扶贫视角下村域空间贫困陷阱识别与策略分析: 以湘西保靖县为例 [J]. 地理科学, 2018, 38 (6): 885-894.

[53] 周琴. 产业结构优化的路径选择般理论及其对长三角的应用分析 [D]. 上海: 上海社会科学院, 2010: 108-120.

[54] 董晓明. 河北省产业结构研究与主导产业选择 [D]. 沈阳: 辽宁大学, 2014: 111-119.

[55] 谢臻, 张风荣, 陈松林, 等. 中国乡村振兴要素识别与发展类型诊断: 基于 99 个美丽示范村的信息挖掘分析 [J]. 资源科学, 2019, 41 (6): 1048-1058.

[56] 马历, 龙花楼, 屠爽爽, 等. 基于乡村多功能理论的贫困村域演变特征与振兴路径探讨: 以海南省什寒村为例 [J]. 地理科学进展, 2019, 38 (9): 1435-1446.

[57] 薛继亮, 邬浩, 于莉. 战略性新兴产业与传统产业耦合发展及对就业的影响研究 [J]. 工业技术经济, 2020 (1): 152-160.

[58] HOLMES J. Impulses towards a multifunctional transition in rural Australia: Caps in the research agenda [J]. Journal of Rural studies, 2006, 22 (2): 142-160.

[59] 张利国, 王占岐, 魏超, 等. 基于村域多功能视角的乡村振兴策略: 以鄂西郧阳山区为例 [J]. 资源科学, 2019, 41 (9): 1703-1713.

[60] EVANS N. Multifunctional agriculture: A transition theory perspective [J]. Journal of Rural Studies, 2010, 26 (1): 81-82.

[61] GROOT R D. Function-analysis and valuation as a tool to assess land use conflicts in planning for sustainable, multifunctional landscapes [J]. Landscape & Urban Planning, 2006, 75 (3): 175-186.

[62] 樊杰. 中国主体功能区划方案 [J]. 地理学报, 2015, 70 (2): 186-201.

[63] 王金营, 贾娜. 雄安新区产业发展与人力资源适应配置研究: 对比硅谷启迪雄安发展 [J]. 燕山大学学报 (哲学社会科学版), 2019, 20 (4): 51-60.

[64] 刘刊, 王宏宇, 白世贞. 基于厂商理论的区域产业边界和最优要素配置结构 [J]. 中国管理科学, 2020, 28 (1): 10-18.

[65] 郭珍, 郭继台. 乡村产业振兴的生产要素配置与治理结构选择 [J]. 湖南科技大学学报 (社会科学版), 2019, 22 (6) 66-71.

[66] 唐莎, 刘强. 基于贫困恶性循环理论的精准扶贫对策与思考: 以四川省九寨沟县为例 [J]. 农学学报, 2016, 6 (12): 56-59.

[67] 张自强, 伍国勇, 徐平. 民族地区农户贫困的逻辑再塑: 贫困恶性循环的视角 [J]. 贵州民族研究, 2017, 38 (191): 69-72.

[68] 郭黎霞. 贫困恶性循环理论视角下福建精准扶贫的思考 [J]. 宁德师范学院学报 (哲学社会科学版), 2017 (4): 7-10.

[69] 叶青. 三峡库区农村贫困恶性循环的二元经济结构理论分析 [J]. 社会科学, 2007 (1): 48-52.

[70] 杨明芳. 我国社会底层人群向上流动困难问题研究: 纳克斯"贫困的恶性循环理论"的启示 [J]. 岳阳职业技术学院学报, 2011, 26 (5): 101-104.

[71] 汤晓燕. 农村社会保障发展方向及路径探讨 [D]. 南昌: 江西农业大学, 2013: 6-8.

[72] 楚永生, 石晓玉. 宏观视角下贫困理论的演进及其意义 [J]. 理论学刊, 2008 (2): 55-59.

[73] 李瑜. 精准视角下重庆市丰都县脱贫攻坚推进中存在的问题及对策研究 [D]. 重庆: 重庆大学, 2017: 6-9.

[74] 刘振杰. 资产社会政策: 西方社会治理新方式 [N]. 中国社会科学报,

2012-09-12（A6）.

[75] 叶普万. 贫困经济学研究 [D]. 西安：西北大学，2003：23-28.

[76] LEIBENSTEIN. Economic backwardness and economic growth [M]. New-York：John Wiley，1957：10-11.

[77] 杨蔷. 基于锡尔指数的河南省农村经济发展不平衡性评价研究 [D]. 洛阳：河南科技大学，2018：9-10.

[78] 周俭初，蔡之兵. 空间经济学的发展历程 [J]. 山东工商学院学报，2013，27（2）：1-5.

[79] 徐露. 基于增长极理论的乡村旅游资源深度利用研究 [J]. 农业经济，2017（8）：88-90.

[80] 林靖欣，黎泉. 基于增长极理论的国家级新区发展差异研究：以上海浦东新区、天津滨海新区为例 [J]. 邵阳学院学报（社会科学版），2018，17（2）：19-26.

[81] 王海燕. 增长极视角下和林格尔新区建设研究 [D]. 呼和浩特：内蒙古师范大学，2018：77-90.

[82] KRUGMAN P. Space：the final frontier [J]. Journal of Economic Perspectives，1998，12（2）：161-174.

[83] FUJITA M，KRUGMAN P，VENABLES A J. The spatial economy [M]. Boston：MIT Press，1999：22-30.

[84] KRUGMAN P. On the number and location of cities [J]. European Economic Review，1993（37）：293-298.

[85] FUJITA M，THISSEM J F. Economies of Agglomeration [J]. Journal of Japanese and International Economies，1996（10）：339-378.

[86] FUJITA M，MORI T. Structural stability and evolution of Urban systems [J]. Regional Science and Urban Economics，1997（27）：399-442.

[87] YANG X. Development，structure change and urbanization [J]. Journal of Development Economics，1991（34）：199-222.

[88] 李娜. 京津冀协同发展内生动力研究 [D]. 天津：河北工业大学，2016：79-90.

[89] 吕国范. 中原经济区资源产业扶贫模式研究 [D]. 北京：中国地质大学，2014：23-27.

[90] BHANWAR SINGH，RADHIKA RAMASUBBAN，et al. Rural water supply

in Kerala, India: How to emerge from a low-level equilibrium trap [J]. Water resources research, 1993, 29 (7): 1931-1942.

[91] KAMALIKA CHAKRABORTY, BIDISHA CHAKRABORTY. Low level equilibrium trap, unemployment, efficiency of education system, child labour and human capital formation [J]. Journal of Economics, 2018, 125 (1): 69-95.

[92] BIDISHA CHAKRABORTY. Publisher Correction: Low level equilibrium trap, unemployment, efficiency of education system, child labour and human capital formation [J]. Journal of Economics, 2018, 125 (1): 105-105.

[93] 王稚文, 华小琴. 低水平均衡陷阱与临界最小努力理论模型探析 [J]. 西北成人教育学报, 2012 (3): 54-56.

[94] 杨建国. 低水平均衡陷阱与社会权利缺失: 西部"三农"问题的总特征与本质 [J]. 社会科学, 2006 (5): 133-137.

[95] Richard R. Nelson. 欠发达经济中的低水平均衡陷阱理论 [J]. 经济与管理科学, 2006 (3): 103-115.

[96] 李瑞华. 内蒙古贫困与反贫困的经济学研究 [D]. 武汉: 武汉理工大学, 2013: 77-90.

[97] YANG X. Development, structure change, and urbanization [J]. Journal of Development Economics, 1991 (34): 199-222.

[98] 尹飞霄. 人力资本与农村贫困研究: 理论与实证 [D]. 南昌: 江西财经大学, 2013: 21-40.

[99] 姜英华. 贫困、贫困积累与贫困克服: 马克思政治经济学批判的一条隐性线索 [J]. 社会主义研究, 2019 (2): 16-24.

[100] 黄荣枭. 彝区贫困户脱贫对策研究 [D]. 成都: 西南交通大学, 2011: 13-15.

[101] 文雨辰. 基本公共服务均等化影响因素及财政对策的研究 [D]. 南昌: 江西财经大学, 2017: 12-15.

[102] 接家东. 我国农村反贫困模式创新研究 [D]. 长春: 吉林大学, 2017: 31-40.

[103] KRISTINA MESHELSKI. Amartya Sen's nonideal theory [J]. Ethics & Global Politics, 2019, 6 (25): 31-45.

[104] Niall Ó Murchú. Education and agency freedom in Du Bois and Sen [J].

Journal of Human Development and Capabilities, 2019, 6（28）: 297-310.

[105] TORU YAMAMORI. The Smithian ontology of "relative poverty": revisiting the debate between Amartya Sen and Peter Townsend [J]. Journal of Economic Methodology, 2017, 12（15）: 70-80.

[106] THIERRY DEMALS, ALEXANDRA HYARD. Is Amartya Sen's sustainable freedom a broader vision of sustainability [J]. Ecological Economics, 2014, 6（102）: 33-38.

[107] THORNTON J G. From subsistence to exchange and other essays. with an introduction by Amartya Sen [J]. European Journal of Obstetrics & Gynecology and Reproductive Biology, 2001, 98（2）: 260-273.

[108] YASUHITO TANAKA. On the topological equivalence of the Arrow impossibility theorem and Amartya Sen's liberal paradox [J]. Applied Mathematics and Computation, 2006, 181（2）: 1490-1498.

[109] ELIAS L KHALI. Sentimental fools: a critique of Amartya Sen's notion of commitment [J]. Journal of Economic Behavior & Organization, 1999, 40（4）: 373-386.

[110] BERNARD GAZIER. La liberté au prisme des capacités. Amartya Sen au-delà du libéralisme [J]. Sociologie du Travail, 2010, 52（3）: 423-425.

[111] AMITRAJEET A BATABYA. The country of first boys by Amartya Sen [J]. International Review of Economics & Finance, 2016, 46（1）: 196-197.

[112] JESÚS RIVERO CASAS. Capacidades, reconocimiento y representación: las contribuciones de Nancy Fraser, Iris Marion Young y Amartya Sen a la teoría de la justicia de John Rawls [J]. Estudios Políticos, 2017, 42（9）: 53-76.

[113] 詹国辉, 刘邦凡, 王奕骤. 中心边缘理论与区域经济的研究脉络: 兼评中心边缘理论与核心外围理论的逻辑差异 [J]. 南京财经大学学报, 2015（4）: 16-22.

[114] 张亚斌, 张敏敏. 中心外围理论与"3+5"城市群圈层发展模式设计 [J]. 湖南大学学报（社会科学版）, 2010, 24（2）: 156-160.

[115] 杨永华. 阿明与刘易斯的中心-外围理论比较 [J]. 南通纺织职业技术学院学报（综合版）, 2007, 7（4）: 43-49.

[116] 杨永华. 马克思与激进学派: 中心外围理论比较研究 [J]. 孝感学院学报, 2004, 24 (5): 5-10.

[117] 陈佳. 中心-外围理论的演进及比较研究 [D]. 福州: 福建师范大学, 2011: 78-110.

[118] CHRIS ELBERS, TOMOKI FUJIIC. Poverty alleviation through geographic targeting: How much does disaggregation help [J]. Journal of Development Economics, 2007, 83 (1): 198-213.

[119] ALATAS V, A BANERJEE. How to target the poor: Evidence from a field experiment in Indonesia [J]. Unpublished manuscript, 2009 (1): 55-60.

[120] BIGMANA DAVID, SRINIVASANB P V. Geographical targeting of poverty alleviation programs: methodology and applications in rural India [J]. Journal of Policy Modeling, 2002 (24): 237-255.

[121] 邓维杰. 精准扶贫的难点、对策与路径选择 [J]. 农村经济, 2014 (6): 78-81.

[122] MEENAKSHI J, R RAY. Impact of household size and family composition on poverty in rural India [J]. Journal of Policy Modeling, 2002, 24 (6): 539-559.

[123] D YU, RUDENKO. A comprehensive approach to the study of poverty in the region [J]. Regional Research of Russia, 2014, 4 (3): 143-151.

[124] ROBERT CHAMBERS. Participatory rural appraisal (PRA): Analysis of experience [J]. World Development, 2008, 22 (9): 1253-1268.

[125] GENOVESE. Rent and the economics of being poor [J]. American Journal of Economics and Sociology, 2002 (2): 218-256.

[126] SABINA ALKIRE. Jose manuel roche. identifying the poorest people and groups: strategies using the global multidimensional poverty index [J]. International Development, 2015 (27): 362-387.

[127] AMARTYA SEN. lngredients of famine analysis: Availability and entitlements [J]. Quarterly Journal of Economics, 1981 (1): 33-40.

[128] NAMINSE E Y, ZHUANG J. Does farmer entrepreneurship alleviate rural poverty in China-Evidence from Guangxi Province [J]. Plos One, 2018, 13 (3): 192-194.

[129] NALLATHIGA R. Strategizing poverty reduction at city level: The approach of hyderabad [J]. Social Science Electronic Publishing, 2015, 1 (2): 187-192.

[130] LINDKVIST E, BASURTO X, MAJA SCHLUTER. Micro-level explanations for emergent patterns of self-governance arrangements in small-scale fisheries-A modeling approach [J]. Plos One, 2017, 12 (4): 172-175.

[131] CEPPARULO A, CUESTAS J C, INTARGLIA M. Financial development, institutions and poverty alleviation: an empirical analysis [J]. Ncid Working Papers, 2017, 36 (49): 3611-3622.

[132] REIBNEGGER G, FUCHS D, HAUSEN A, et al. Generalized likelihood ratio concept and logistic regression analysis for multiple diagnostic categories [J]. Clinical Chemistry, 2018, 6 (35): 990-994.

[133] BENJAMIN SEEBOHM ROWNTREE. Poverty: a study of human inequality [M]. London: Macmillan, 1901: 46.

[134] BJÖRN GUSTAFSSON, BIRGITTA JANSSON. If seebohm rowntree had studied sweden: How poverty changed in the city of Göteborg from 1925 to 2003 [R]. The Institute for the Study of Labor Discussion, 2010: 4857.

[135] GUNNAR MYRDAL. The challenge of world poverty: A world anti-poverty program in outline [M]. New York: Pantheon, 1970: 65-66.

[136] ERIK THORBECKE. Multi-dimensional poverty: Conceptual and measurement issues [J]. UNDP International Poverty Centre, 2002 (8): 29-31.

[137] Research on Poverty Feature Recognition and Targeted Poverty Alleviation Path based on Big Data Analysis Taking Xinyang City as an Example [J]. Journal of Xinyang Normal University (Philos. &Soc. Sci. Edit.), 2019, 39 (2): 54-59.

[138] JAMES K, GALBRAITH. The abiding economics of John Kenneth Galbraith [J]. Journal Review of Political Economy, 2005, 17 (2): 33-50.

[139] J YOTSNA JALAN, MARTIN RAVALLION. Spatial poverty traps [M]. World Bank, 1997: 78-99.

[140] 刘洪, 王超. 基于分层Logistic回归模型的中国农村贫困识别研究 [J]. 农业技术经济, 2018 (2): 130-140.

[141] CARLA COLLICELLI MASSIMILIANO VALERII. A new methodology for

comparative analysis of poverty in the Mediterranean: a model for differential analysis of poverty at a regional level [J]. Fondazione CENSIS, 2003 (3): 70-88.

[142] ANDREA FILIPPONE, BRUNO CHELI, et al. Addressing the interpretation and the aggregation problems in totally fuzzy and relative poverty measures [J]. ISER Working Papers Number, 2000 (2): 1-22.

[143] SAMI BIBI. Measuring povertyin a multidimensional perspective: A review of literature [J]. PMMA working paper, 2005 (11): 25-77.

[144] SOMNATH CHATTOPADHYAY, AMITA MAJUMDER. Decomposition of interregional poverty gap in India: A spatial approach [J]. Empir Econ, 2014 (46): 65-99.

[145] THEMBA G CHIRWA, NICHOLAS M. ODHIAMBO. The nexus between key macroeconomic determinants and economic growth in Zambia: a dynamic multivariate Granger causality linkage [J]. Empirical Economics, 2019, 57 (1): 301-327.

[146] ALPER S, KATRANTZI I. Equilibria of two-sided matching games with common preferences [J]. European Journal of Operation Research, 2007, 3 (1): 1214-1222.

[147] G DEMANGE, D GALE. The strategy structure of two-sided matching markets [J]. Econometrica, 2009 (53): 873-888.

[148] WANG M, LI H. A research on two-sided matching algorithm between new hired knowledge staff and position requirements [J]. Artificial Intelligence, 2011 (2): 33-50.

[149] 栗秦. 基于乡村扶贫视角的贫困村密集区协同发展研究: 以小金县为例 [D]. 绵阳: 西南科技大学, 2019: 4-10.

[150] 李义龙, 廖和平, 李涛, 等. 都市近郊区乡村性评价及精准脱贫模式研究: 以重庆市渝北区138个行政村为例 [J]. 西南大学学报 (自然科学版), 2018, 40 (8): 56-40.

[151] 段塔丽. 资源环境约束下连片特困山区农户家庭精准脱贫路径选择: 基于陕南秦巴山区农户家庭的调查与分析 [J]. 陕西师范大学学报 (哲学社会科学版), 2019, 48 (5): 37-49.

[152] 李林山, 杨青山, 刘贺贺, 等. 吉林省中部城市群城市区位与区域均

衡发展关系研究［J］. 地域研究与发展，2014，33（2）：25-66.

［153］ 陈莉，石培基，焦贝贝. 西北地区30地级市城市区位分析［J］. 干旱区地理，2015，38（4）：851-857.

［154］ 朱方明，李敬. 中心市场偏离度、交易参与度与贫困程度［J］. 四川大学学报（哲学社会科学版），2020（1）：43-54.

［155］ 管睿，王文略，余劲. 可持续生计框架下内生动力对农户家庭收入的影响［J］. 西北农林科技大学学报（社会科学版），2019，19（6）：130-139.

［156］ 漆敏. 我国农村返贫问题根源剖析与对策研究［D］. 重庆：重庆大学，2012：2-5.

［157］ 蒋南平，郑万军. 中国农民工多维返贫测度问题［J］. 中国农村经济，2017（6）：58-69.

［158］ 卜海. 我国脱贫再返贫防范机制的建立和运行问题研究［J］. 江苏师范大学学报（哲学社会科学版），2018，44（6）：1-9.

［159］ 曹诗颂，王艳慧，段福洲，等. 中国贫困地区生态环境脆弱性与经济贫困的祸合关系：基于连片特困区714个贫困县的实证分析［J］. 应用生态学报，2016，8（27）：2614-2622.

［160］ 候蔺. 自然灾害频发地区贫困人口生计重建问题研究：以四川省汶川县为例［D］. 成都：西南财经大学，2017：23-40.

［161］ HAMILTON LEAH，MARTIN-WEST STACIA. Universal basic income, poverty, and social justice：A moral and economic imperative for social workers［J］. Social work，2019，64（4）：321-328.

［162］ ROTHWELL D W，GARIÉPY G，ELGAR F J，et al. Trajectories of poverty and economic hardship among American families supporting a child with a neurodisability［J］. Journal of intellectual disability research，2019，63（10）：1273-1284.

［163］ 赵劲，李敏，朱启臻，等. 对我国深山区移民扶贫成本的社会学分析：以江西省遂川县为例［J］. 西北农林科技大学学报（社会科学版），2006，6（3）：5-8.

［164］ 陈胜东. 农户可持续性生计下移民搬迁扶贫政策实证研究：以赣南原中央苏区为例［D］. 南昌：江西财经大学，2017：78-90.

［165］ 柳建平，王漩旖，刘咪咪. 劳动力非农就业的减贫脱贫效应及影响因

素分析：基于甘肃 14 个贫困村的调查数据［J］. 西安财经学院学报，2019，32（4）：100-108.

［166］张磊，伏绍宏. 劳动力转移促进还是抑制了贫困户脱贫：基于凉山彝族聚居区 237 户农民的调查［J］. 云南民族大学学报（哲学社会科学版），2019，36（5）：55-63.

［167］张春晖. 旅游流与目的地耦合：模型与要素贡献度研究：以六大城市入境旅游为例［D］. 西安：陕西师范大学，2015：30-44.

［168］周梁，李瑛珊. 广东省经济增长与环境耦合协调关系的实证研究［J］. 财经研究，2015（10）：3-5.

［169］纪建悦，于富洋，方胜民. 环渤海地区经济与海洋环境的耦合度研究［J］. 海洋环境科学，2012（6）：65-68.

［170］张英佳，李雪铭，夏春光. 中国地级市房地产开发与人居环境耦合发展空间格局［J］. 地理科学进展，2014（2）：232-240.

［171］司嵬，王冲. 基于容量耦合模型的四川省农旅产业耦合升级研究［J］. 广东农业科学，2018，45（7）：165-172.

［172］胡喜生，洪伟，吴承祯. 福州市土地生态系统服务与城市化耦合度分析［J］. 地理科学，2013（10）：1216-1223.

［173］邹晓萌. 杭州市乡村旅游产业发展研究：基于环境容量与经济耦合效应［D］. 杭州：浙江财经大学，2018：16-30.

［174］刘超，付德志. 基于可调功效函数容量耦合生态经济协调发展评价模型［J］. 地域研究与开发，2017（36）：45-48.

［175］吴晓云，陈鹏飞. 外资银行产品资源与顾客资源匹配战略对绩效的影响：基于 21 家外资法人银行（中国）的面板数据［J］. 管理评论，2016（1）：141-155.

［176］廖重斌. 环境与经济协调发展的定量评判及其分类体系：以珠江三角洲城市群为例［J］. 热带地理，1999（2）：171-177.

［177］霍影. 战略性新兴产业集群与区域经济空间耦合发展效率测度方法研究［J］. 统计与信息论坛，2012（10）：78-82.

［178］杨立，姜增明. 产业结构与城镇化匹配协调及其效率分析［J］. 经济问题探索，2013（10）：34-39.

［179］居尔艾提·吾布力，安瓦尔·买买提明，薛东前. 城镇化与耕地集约利用水平及其耦合协调发展：以新疆阿克苏市为例［J］. 干旱区研究，

2019（6）：1333-1343.

［180］ 杨柳英，赵翠薇. 贵州省产业结构变化及其生态环境效应研究［J］. 地理环境科学，2018，36（2）：50-54.

［181］ 朱向楠. 村域尺度耕地利用效益时空格局演化分析：以广河县101个行政村为例［D］. 兰州：甘肃农业大学，2018：2-6.

［182］ 窦同宇. 湖南省凤凰县乡村贫困空间格局与形成机理研究［D］. 长沙：湖南师范大学，2018：4-10.

［183］ 唐林，罗小锋，黄炎忠，等. 主动参与还是被动选择：农户村域环境治理参与行为及效果差异分析［J］. 长江流域资源与环境，2019，28（7）：1747-1756.

［184］ 韩作生. 农业科技人力资本对农业经济增长影响的实证分析：以山东省为例［J］. 山东大学学报（哲学社会科学版），2011（4）：86-92.

［185］ 赵凌跃. 张北县产业扶贫绩效评价研究［D］. 保定：河北农业大学，2018：2-8.

［186］ 石斌. 江苏省工业主导产业选择与产业结构升级研究［D］. 南京：南京大学，2013：2-3.

［187］ 王文略，管睿，加贺爪优，等. 陕西南部生态移民减贫效应研究［J］. 资源科学，2018，40（8）：1572-1582.

［188］ 张华. 我国农业经济增长影响因素的实证研究：基于典型相关模型的计量分析［J］. 湖南农业科学，2013（21）：101-104.

［189］ 乔海曙. 21世纪初农业投资与农业经济发展研究［J］. 财经理论与实践（双月刊），2002，23（115）：63-69.

［190］ 乔博. 新型农业现代化视角下农村土地流转问题研究［J］. 青海社会科学，2014（4）：62-66.

［191］ 李勋来. 农村人力资本与经济增长关系的实证分析［J］. 青岛科技大学学报（社会科学版），2007，23（4）：54-57.

［192］ 张士功，纪纯，邱建军，等. 中国耕地资源安全问题及其对策研究［J］. 中国农学通报，2005，21（12）：372-375.

［193］ 陈金鑫. 对外贸易对海南经济影响的实证分析［J］. 宁夏农林科技，2011（5）：90-91.

［194］ 陈锡文. 当前我国农业农村发展的几个重要问题［J］. 南京农业大学学报（社会科学版），2011（1）：6-11.

[195] 王志，葛玉辉. 农村人力资本投资对农民纯收入的贡献：基于全国统计数据的实证分析［J］. 金融经济，2013（1）：23-29.

[196] 温远豪，黎清文，刘斯萌，等. 基于产业结构、家庭规模视角下的广西农民收入差距实证研究［J］. 北方园艺，2017（13）：190-197.

[197] BINSWANGER，H J. Modeling the impact of agricultural growth and government policy on income distribution in India［J］. World Bank Econ Rev，1986：10-11.

[198] ANTLE J M. Adaptation of agriculture and the food system to climate change：policy issues［J］. Resources for the Future，2009（4）：1-10.

[199] PARDEY P G，ALSTON J M，CHAN-KANG C. Public agricultural R & D over the past half century：an emerging new world order［J］. Agricultural Economics，2013，44（1）：103-113.

[200] 韩作生. 农业科技人力资本对农业经济发展的作用及价值评价研究［D］. 青岛：中国海洋大学，2011：1-10.

[201] 邓瑛辉. 新时期优化农业投资结构的几点思考［J］. 农业经济，2001（1）：14-15.

[202] 张滨丽，卞兴超. 基于AHP的黑龙江省智慧农业综合效益评估［J］. 中国农业资源与区划，2019，40（2）：109-115.

[203] 王小莉. 基于生态系统服务价值评估的东江流域生态补偿研究［D］. 开封：河南大学，2018：1-11.

[204] 张士功. 中国耕地资源安全问题及其对策研究［J］. 中国农学通报，2005（12）：380-383.

[205] 陈锡文. 中国农村人口老龄化对农业产出影响的量化研究［J］. 中国人口科学，2011（2）：41-48，113.

[206] 乐章. 人力资本与收入水平：关于外出务工农民的一个实证分析［J］. 中南财经政法大学学报，2007（2）：9-14.